I0764949

Das unendliche Mindset

Flamur Berisha

Über den Autor

Flamur Berisha, geboren am 15.01.1992. Sachbuchautor für Psychologie. Flamur Berisha spezialisierte sich im Jahre 2014, nachdem er zahlreiche Seminare abgeschlossen hat, auf das Thema Persönlichkeiten und deren Entwicklung. Er sieht das Thema für sehr interessant, da Menschen zu manchen Sachen fähig sind, von denen Sie keine Ahnung haben. Er informiert und unterstützt seine Leser, Ziele zu erreichen, von denen Sie weit entfernt sind. Jeder Mensch ist lernfähig und hat die Möglichkeit, aus sich herauszuwachsen und sich zu entwickeln. Damit diese Entwicklungen jeder erleben kann, informiert er mit seinen Büchern zu Persönlichkeitsentwicklung und gibt viele wertvolle Tipps.

Inhalt

Vorwort

Was wäre, wenn all das, was Sie sich für Ihr Leben wünschen, zum Greifen nahe wäre? Halten Sie es für möglich, dass allein die Art Ihres Mindsets darüber entscheidet, ob sich Ihre Träume und Visionen leben und umsetzen lassen?

Wenn Sie bisher geglaubt haben, dass Ihr Lebensglück von äußeren Faktoren abhängt, halten Sie mit diesem Buch den Schlüssel für Ihr neues Bewusstsein in den Händen: Denn Sie erzeugen Ihre Realität! Sie allein sind der Erschaffer Ihres Lebensglücks! Mit der richtigen Einstellung können auch Sie ein Magnet werden für Erfolg, Glück, Liebe und Zufriedenheit! Und dafür benötigen Sie eigentlich nicht viel. Jeder Mensch kann sich mit etwas Übung ein kraftvolles Mindset erschaffen. Und dieses ist die Basis für ein vollständig erfülltes Leben. Mit diesem Ratgeber erhalten Sie eine Step-by-Step-Anleitung zur Erschaffung Ihres persönlichen Erfolg-Mindsets. Sie erfahren, worauf es in der Mindset-Arbeit ankommt und welche Rolle Ziele, Selbstbewusstsein, positives

Denken, Glück, Selbstdisziplin und Motivation spielen.
Mithilfe vielfältiger, praktischer Tipps und Übungen wird sich Ihr
Mindset beim Bearbeiten dieses Buches Stück für Stück transfor-
mieren. Sie werden nicht nur lernen, die Welt mit anderen Augen
zu sehen. Sie werden sich Schritt für Schritt das Leben kreieren,
das Sie sich aus tiefstem Herzen wünschen.

Sind Sie bereit dafür? Dann lassen Sie uns loslegen!

Mindset

WAS IST MINDSET

Wer sich auf den Weg macht, das eigene Leben in glückliche und erfolgreiche Bahnen zu lenken, für den führt kein Weg vorbei am *„eigenen Mindset"*. Bestimmt ist Ihnen der Begriff schon mal begegnet. Vielleicht haben Sie sich ja auch bereits mit Ihrem persönlichen Mindset beschäftigt. Aber was ist das eigentlich, ein „Mindset"? Klingt ja zunächst nach einer ziemlich großen Sache, finden Sie nicht? Wir schauen uns mal genauer an, was sich dahinter verbirgt.

Der Begriff „Mindset" kommt aus dem Englischen und ist eine Kombination der beiden Worte „mind" (im Deutschen: Geist, Verstand, Gedanken) und „set" (im Deutschen: Zusammenstellung, Garnitur). Ins Deutsche übersetzt könnte man also sagen, Ihr „Mindset" ist so etwas wie die „Zusammenstellung Ihres Geistes" beziehungsweise Ihre „Gedankengarnitur". Falls Sie sich unter diesem – wie ich finde, sehr treffenden – Bild nicht wirklich etwas vorstellen können, nochmal konkreter: Verstehen Sie den Begriff „Mindset" als Umschreibung für *„die Art und Weise, wie Sie sich selbst und die Welt begreifen"*. Andere Begriffe könnten sein:

- Denkweise
- Mentalität
- Haltung
- Weltanschauung

Ein Mindset – oder eben eine Weltanschauung, Haltung, Mentalität – entsteht aus der Summe aller Erfahrungen, die ein Mensch in seinem Leben gemacht hat. Es setzt sich zusammen aus den ureigenen Prägungen und Werten, die jeder Einzelne im Laufe seines Lebens im Austausch mit seiner Umwelt erworben hat. Je nachdem also, ob jemand überwiegend positive oder negative Erfahrungen mit seiner Umwelt gemacht hat, entwickelt er sein individuell ausgestaltetes Mindset.

Sie kennen es sicher von sich selbst oder aus Ihrem Umfeld, dass Menschen auf die unterschiedlichsten Arten über sich und die Welt nachdenken und dieser begegnen können. Dies wird schließlich auch sichtbar in der Art, wie jemand sein Leben ausgestaltet. Während eine Person zum Beispiel eher kritisch und vorsichtig ist, ist eine andere eher ehrgeizig oder besonders hilfsbereit gegenüber anderen Menschen. Ich bin mir sicher, Sie können diese angedeuteten Beispiele problemlos fortführen und auf sich selbst und andere Menschen in Ihrer Umgebung übertragen. Wir alle sind im Alltag permanent mit den Denkweisen, Haltungen oder Weltanschauungen vieler verschiedener Menschen konfrontiert. So ist Ihnen vielleicht in Ihrem Alltag auch schon mal aufgefallen, dass Sie sich manchmal durch Haltungen, Einstellungen und Denkweisen anderer irritiert fühlen oder sogar ärgern. Das ist der Boden, auf dem Streit und Konflikte ausgetragen werden. Wenn Sie mit jemandem Streit haben, könnte man also sagen, dass Ihre beiden Mindsets einfach nicht übereinstimmen.

Es gibt aber auch ein ganz anderes Phänomen, das Sie sicher auch kennen: Manchmal sind wir im Kontakt mit anderen Menschen, die uns durch ihre Denkweisen und Haltungen beeindrucken oder inspirieren. Vielleicht haben Sie zum Beispiel auch einen Arbeitskollegen, den Sie dafür bewundern, dass er auch in den stressigsten Situationen ruhig bleibt. Oder Sie haben eine Freundschaft zu jemandem, der Sie durch seinen Ehrgeiz, seinen Erfolg oder seine zufriedene Partnerschaft inspiriert. Und Sie fragen sich, wie er oder sie das macht und warum es Ihnen vielleicht schwerer fällt, mit bestimmten Situationen umzugehen.

Sie ahnen es sicher bereits: Der Schlüssel dafür liegt in Ihrem Mindset. An dieser Stelle gibt es eine gute Nachricht für Sie! Denn Ihr Mindset ist nicht in Stein gemeißelt. Sie können es gezielt verändern und in die von Ihnen gewünschte Richtung lenken. Ihr Mindset ist veränderbar. Sie können es stetig weiterentwickeln und sich somit langfristig das Leben erschaffen, das Sie sich wünschen.

Können Sie noch nicht glauben, dass es so einfach sein soll? Dann werden Sie im weiteren Verlauf erfahren, wieso Ihr Mindset unbegrenzt ist und was Sie tun müssen, um sich Ihr ureigenes, dynamisches und unendliches Mindset zu erschließen.

WIESO IST DAS MINDSET UNEND-LICH

Wie Sie bis hierhin erfahren haben, verfügt jeder Mensch über seine sehr individuelle Art, sich und seine Welt zu begreifen. Jeder Mensch besitzt ein eigenes Mindset, das im Prinzip alle gemachten Erfahrungen mit seiner Umwelt widerspiegelt.
Im Rückblick auf Ihr Leben werden Sie nun eventuell feststellen, dass sich in Ihrem weiten Erfahrungsschatz auch negative Erlebnisse anfinden. Das ist normal. Jeder von uns hat im Laufe seines Lebens auch Verletzungen und Enttäuschungen erfahren.
Diese können sich nun auf Ihr gegenwärtiges Leben auswirken, indem sie Einfluss auf Ihr Mindset, auf Ihre Art zu denken haben. Die Erfahrung zum Beispiel, in seiner Kindheit wiederholt keine guten schulischen Leistungen erbracht zu haben, kann sich dahingehend auswirken, dass die betroffene Person ein passendes Mindset entwickelt. Sichtbar werden könnte das dann darin, dass jemand auch im Erwachsenenleben Sorge hat, nicht gut genug zu sein. Oder sich keine beruflichen Ziele setzt, aus Angst davor, diese nicht erreichen zu können. Eine andere Person, die in ihrer Ursprungsfamilie wenig Liebe erfahren hat, könnte wiederum ein Mindset entwickeln, das sie im Zugang zu liebevollen Beziehungen und Kontakten hemmt. Da diese aber für jeden Menschen essenziell wichtig sind, könnte langfristig ein Leidensdruck entstehen.

Nun ist es natürlich so, dass wir die Vergangenheit nicht ändern können und mit den Erfahrungen leben müssen, die wir bis hierhin gemacht haben. Was wir jedoch ändern können, ist die Art und Weise, wie wir Erlebnisse bewerten und verarbeiten. Denn um die Entstehung eines Mindsets vollständig erfassen zu können, müssen wir an dieser Stelle noch einen Schritt weiter gehen.

Verschiedene Menschen können mit derselben Situation absolut unterschiedlich umgehen. Wenn wir an den bereits erwähnten Kollegen denken, der in Stresssituationen gelassen bleibt, während wir selbst vielleicht schnell aus dem Gleichgewicht geraten, wird das deutlich. Nun gehen wir hier mal davon aus, dass dieser fiktive Kollege in seinem Leben Erfahrungen gemacht hat, die sein Mindset dahingehend geprägt haben, dass Druck von außen nicht dazu führt, ihn aus seiner Mitte zu bringen. Vielleicht hat er ein grundsätzliches Wissen darüber, dass sich alle gemachten Pläne und Ziele realisieren lassen. Oder er verfügt über ein tiefes Vertrauen in seine eigene Kompetenz. In jedem Fall ist davon auszugehen, dass er die Situation nicht besonders bedrohlich bewertet, was ihm eben letztlich einen gelasseneren Umgang damit ermöglicht.

Es ist also die Art und Weise, *wie* wir Situationen und Erlebnisse *bewerten*, die sich letztlich darauf auswirkt, *wie* wir Erfahrungen *erleben* und *verarbeiten*.

Lesen Sie diesen Satz ruhig nochmal. Denn er ist DER Twist für die erfolgreiche Arbeit mit Ihrem unbegrenzten Mindset. Nochmal:

Ihr Mindset ist die Grundlage dafür, wie Sie sich selbst und die Welt begreifen und Ihr Leben dementsprechend ausgestalten. Ihr bestehendes Mindset setzt sich zusammen aus allen Erlebnissen und Erfahrungen, die Sie in Ihrem bisherigen Leben gemacht haben. Gleichzeitig erfolgt die Wahrnehmung und Interpretation aller gegenwärtigen und zukünftigen Situationen durch Ihre persönliche Mindset-Brille. Sie können sich das wie eine Art Filter vorstellen, der lediglich Reize durchlässt, die ins bestehende Schema passen. Unpassende Informationen rauschen einfach vorbei und werden gar nicht von Ihnen aufgenommen.

Was bedeutet das nun für Sie und Ihr Mindset? Es bedeutet, dass Sie mit ein wenig Übung Ihre Mindset-Brille gezielt einstellen und fokussieren können. Und zwar so, dass Ihre Wahrnehmung auf die Reize und Informationen gelenkt wird, die ansonsten an Ihnen vorbeigerauscht sind. Es ist nämlich nicht so, dass wir unserer bisherigen Mindset-Programmierung hilflos ausgeliefert sind und sie als Ergebnis unserer Vergangenheit akzeptieren müssen.

Wir haben immer die Wahl, wie wir uns selbst und unsere Erfahrungen bewerten. Wir können unseren Fokus gezielt darauf lenken, Situationen positiv und optimistisch wahrzunehmen. Dies erfordert etwas Übung. Zudem ist es zunächst nötig, die bestehende Mindset-Programmierung einer kritischen Überprüfung zu unterziehen. Erst, wenn Sie Ihre Programmierung, Ihre ureigenen Muster erkannt haben und sehen können, an welchen Stellen Sie sich durch diese ausbremsen, kann eine Verschiebung Ihres Fokus geschehen.

Erst dann können Sie Ihre Mindset-Brille gezielt so einstellen, wie Sie möchten. Zur Verdeutlichung kommen wir nochmal auf das Beispiel „Umgang mit Stress" zurück: Nehmen wir mal an, dass Sie für sich erkannt haben, dass Sie sich durch Stresssituationen leicht aus der Ruhe bringen lassen. Dann analysieren Sie zunächst Ihr bestehendes Mindset: Wodurch wird der Stress in Ihnen ausgelöst? Welche Muster werden aktiviert?

Vielleicht stoßen Sie darauf, dass Sie tief verinnerlicht haben, Erwartungen anderer nicht enttäuschen zu dürfen. Oder Sie werden darauf aufmerksam, dass Sie aufgrund bestimmter Erfahrungen das Gefühl haben, Aufgaben nicht bewältigen zu können.

Das ist es übrigens oft, was Stress in uns auslöst. Wir nehmen eine unüberwindbare Diskrepanz wahr zwischen den zu bewältigenden Aufgaben und unseren eigenen Kompetenzen. Dies verursacht das Gefühl von Stress.

Wenn Sie nun die jeweilige Programmierung Ihres Mindsets ausfindig gemacht haben, die mit Ihren Stressgefühlen zusammenhängt, können Sie diese aushebeln oder überschreiben. Zum Beispiel könnten Sie für sich feststellen, dass Sie aufgrund vergangener Erfahrungen Zweifel an Ihrer Kompetenz haben. Dann könnten Sie an Ihrem Selbstvertrauen arbeiten und Ihren Fokus gezielt auf Ihre Stärken und Erfolge lenken. Vielleicht werden Sie aber auch darauf aufmerksam, dass Sie sich schwer von Außenerwartungen abgrenzen und bei sich bleiben können. Vielleicht könnte es Ihnen dann helfen, eine Entspannungstechnik zu erlernen und einzuüben, mit Ihrem Fokus immer wieder zu sich zurückzukommen.

Was mit dieser beispielhaften Darstellung deutlich gemacht werden soll, ist: *Menschen sind lernfähige Wesen.* Wir haben die Fähigkeit und auch die grundsätzliche Möglichkeit, stetig Neues zu lernen. Dies ist der Grund dafür, dass wir auch unser Mindset ständig umprogrammieren und weiterentwickeln können. Das exemplarische Beispiel ist hierbei übertragbar auf alle denkbaren Lebenssituationen und Verhaltensmuster.

Wie geht es Ihnen nun mit diesem Wissen? Haben Sie beim Lesen gespürt, dass Ihr Gehirn in neue Denk-Bahnen gelenkt wird? Apropos Gehirn. Was spielt das eigentlich für eine Rolle für unser Mindset?

Was passiert in unserem Gehirn?

Einer aktuellen Studie von Forschern der Queens-University in Kingston zufolge denkt jeder Mensch im Durchschnitt 6.200 Gedanken am Tag.[1] Das ist doch eine ganze Menge. Sie werden das kennen: Angefangen vom Durchgehen der Einkaufsliste bis hin zur gedanklichen Vorbereitung auf das wichtige Gespräch mit dem Chef – im Prinzip sind wir unseren gesamten Alltag über damit beschäftigt, über irgendetwas nachzudenken.

Aber warum denken wir eigentlich so viel? Schauen wir uns mal an, wie das Lexikon für Psychologie und Pädagogik „Denken"

---

[1] http://www.deutschlandfunknova.de: „Messen, wo Gedanken anfangen und enden", ein Interview mit dem Neurowissenschaftler Henning Beck, Juli 2020

definiert: *„Denken als mentale Aktivität kann in Zusammenhang gebracht werden mit Informationsverarbeitung, Erkenntnisgewinnung und Problemlösung, wobei der Problemlösung große Bedeutung zukommt. Jeder Mensch kann denken, wobei die Fähigkeiten je nach Person unterschiedlich ausgeprägt sein können.“*[2]

Wir sehen also: Unser Gehirn unterstützt uns durch Denkprozesse dabei, Informationen zu verarbeiten, neue Ideen zu entwickeln und Probleme zu lösen.

Dazu müssen Sie bedenken, dass wir alle tagtäglich Millionen von Reizen ausgesetzt sind, die wir in unser System einordnen müssen. Damit verbunden, sind wir alle permanent mit Situationen konfrontiert, die eine Reaktion oder unser Handeln erfordern. Lassen Sie es mich anders ausdrücken:

Sie stehen an einer Ampel, sehen, dass diese rot ist und bleiben stehen. Nebenbei realisieren Sie vielleicht, dass Sie heute spät dran sind und Ihren Bus eventuell verpassen werden.
Sobald die Ampel auf Grün schaltet, werden Sie also dafür sorgen, Ihr Tempo zu beschleunigen und den Bus dadurch bekommen zu können.

Diese banale Alltagssituation macht vielleicht deutlich, was Ihr Gehirn da eigentlich den ganzen Tag tut. Es verarbeitet Reize aus

---

[2]https://lexikon.stangl.eu/2848/denken/: „Begriffsdefinition, Denken“, Online Lexikon für Psychologie und Pädagogik, Stangl, W., 2020

dem Außen, sortiert diese entsprechend Ihres inneren Systems, wird aufmerksam auf mögliche Probleme und sorgt dafür, eine Lösung für diese zu finden. Ziemlich beeindruckend, oder?

Arten von Denkweisen

Wir haben bereits gesehen, dass es vielzählige Arten gibt, sich selbst und seine Umwelt zu begreifen. Sprich: Es gibt viele verschiedene Möglichkeiten, über sich und die Welt nachzudenken. Abhängig von persönlichen Erfahrungen und dem eigenen Selbstkonzept, aber auch von externen Faktoren hat jeder Mensch seine individuelle Perspektive auf die Welt. Jeder Mensch blickt durch seine ganz persönliche Mindset-Brille.

So vielfältig die Menschen sind, so vielfältig sind auch ihre Denkweisen. Es ist deshalb natürlich schwer möglich, Denkweisen eindeutig zu kategorisieren. Das Ziel dieses Ratgebers soll es jedoch sein, Ihren Fokus auf die Entwicklung eines kraftvollen Mindsets zu richten. Dazu ist es notwendig, dass Sie sich grundsätzliche Unterschiede bewusst machen, die es im Denken geben kann.
Dieses Wissen können Sie dann nutzen, um Ihre persönliche Mindset-Brille auf ihre Ausrichtung zu überprüfen. Schließlich werden Sie imstande sein, Ihre Gedanken und Ihren Fokus so auszurichten, dass Sie all das in Ihr Leben ziehen können, was Sie sich wünschen.

Machen Sie sich dafür also zunächst klar, dass all die vielfältigen und völlig unterschiedlich ausgebildeten Denkweisen verschiedener Menschen grob unterteilt werden können in:

Positive Denkweisen
oder
Negative Denkweisen.

Damit ist gemeint, dass Menschen tendenziell dazu neigen, sich selbst und die sie umgebene Welt entweder *eher positiv-hoffnungsvoll* oder *eher negativ-kritisch* wahrzunehmen.

Werfen Sie einen Blick in Ihren Freundes-, Bekannten- und Kollegenkreis. Von welcher Art Mensch sind Sie umgeben? Kennen Sie überwiegend Personen, die das Glas als halb leer betrachten und zu Unzufriedenheit, Misstrauen oder Mutlosigkeit neigen? Oder sind Sie von Menschen umgeben, die ihr Leben bewusst gestalten, sich durch eine wohlwollende und optimistische Lebenseinstellung kennzeichnen? Wie steht es um Sie selbst? Sind Sie eher ein Positiv-Denker, der Chancen sehen und wahrnehmen kann? Oder neigen Sie dazu, sich durch Sorgen und Entmutigung vom Erreichen Ihrer Ziele fernzuhalten?

Wenn dem so ist, grämen Sie sich nicht. Denn mit diesem Ratgeber halten Sie den Schlüssel für Ihren Erfolg bereits in den Händen. Sie können Ihre Art zu denken verändern! Sie können Ihr Mindset ändern! Dazu ist es notwendig, Ihre bisherigen Denkmuster zu analysieren und schrittweise umzuprogrammieren. Sie werden im Verlauf dieses Ratgebers vielzählige Anreize erhalten, die Sie schließlich zu einem kraftvollen und unendlichen Mindset führen.

Zunächst machen Sie sich dafür Folgendes klar: Es gibt bestimmte Faktoren, die unsere Art zu denken beeinflussen. Wenn Sie wissen, um welche es sich handelt, können Sie dieses Wissen bewusst einsetzen, um Ihre Denkweise positiv zu beeinflussen. Schauen wir uns im Folgenden die wesentlichen Faktoren an.

Einflussfaktoren für unsere Denkweisen

Stress

Ein wesentliches Element, das in seiner Wirkung auf unsere Denkstrukturen nicht zu unterschätzen ist, ist Stress. Unsere leistungsorientierte Gesellschaft fordert viel von uns. Die Anforderungen an Beruf und Privatleben steigen, das Handy klingelt ständig, die Terminkalender sind voll.

Dies alles führt nicht nur dazu, dass wir automatisch die Anforderungen an uns selbst immer weiter nach oben schrauben. Es hat auch zur Konsequenz, dass wir Gefahr laufen, uns in all unseren Terminen und Außenerwartungen selbst zu verlieren.

Denn unser Gehirn ist im Prinzip unter Dauerbeschallung. Neben der permanenten Reizverarbeitung muss es ununterbrochen komplexe Probleme lösen. Das Gedankenkarussell läuft auf Hochtouren. Es wird dann zunehmend schwerer, sich nach Feierabend vom Gedankenkreisen zu verabschieden und sich zu entspannen. Dazu kommt: Wenn wir viel zu tun haben und wenig Gelegenheit bekommen, uns zu entspannen, fällt es zunehmend schwerer, eine positive Perspektive an den Tag zu legen. Das werden Sie sicher kennen.

Für eine optimistische Perspektive ist es deshalb so wichtig wie noch nie, gute Strategien im Umgang mit Stress zu entwickeln. Dazu gehört es zum Beispiel, sich regelmäßige Auszeiten zum Auftanken zu nehmen. Sinnvoll kann auch das Erlernen eines Entspannungsverfahrens sein (z.B. Yoga, Meditation oder Progressive Muskelentspannung).

Emotionen

Unsere Art zu denken ist maßgeblich beeinflusst von unserem gegenwärtigen Gefühlszustand. Sie werden das sicher kennen: Wenn Sie sich nicht gut fühlen, traurig, müde oder ärgerlich sind, fällt es schwerer, eine positive Sicht auf die Dinge zu behalten.

Nehmen wir zum Beispiel an, Sie wurden soeben von Ihrem Partner verlassen. Logischerweise fühlen Sie sich traurig und vielleicht auch minderwertig, weil Sie verlassen wurden. In dieser Phase wird es Ihnen nachvollziehbarerweise schwerer fallen, Ihren Fokus auf positive Aspekte und Stärken zu richten. Vielmehr werden Ihnen nun all die Erfahrungen einfallen, in denen Sie schon mal abgelehnt oder zurückgewiesen wurden. Unser Gehirn ist auf diese Weise strukturiert. Befinden wir uns in einem bedrückenden Gefühlszustand, reaktiviert unser Gehirn automatisch Erinnerungen an Situationen, in denen wir uns in ähnlichen Zuständen befunden haben. Der Zugriff auf positive Erlebnisse und Selbstwahrnehmungen ist in diesem Zustand erschwert.

Die gute Nachricht ist, dass dies natürlich auch andersherum genauso funktioniert: Wenn Sie also zum Beispiel frisch verliebt sind und sich für den größten Hecht im Teich halten, fällt es Ihnen automatisch leichter, sich selbst und die Welt als positiv wahrzunehmen. Sie haben dann eine „rosarote Brille" auf – schon mal gehört?! In diesem Zustand ist alles wunderbar, alles ist machbar, Sorgen und Leid sind meilenweit entfernt und haben mit Ihrer Lebenswelt gerade mal überhaupt nichts zu tun.

Nun können und sollen Sie Ihr Leben natürlich nicht dahingehend beeinflussen, dass Sie nur noch auf Wolken schweben. Das wäre auf den ersten Blick sicher nett, aber entspräche ja nicht unserem Leben. Denn Tiefpunkte gehören genauso dazu wie Höhenflüge. Auch negative Gefühle gehören dazu und es soll nicht das Ziel sein, diese nicht mehr haben zu wollen und zu unterdrücken. Das macht nämlich krank.

Sie können jedoch entscheiden, wie lange und wie tief Sie in negative Gefühlswelten eintauchen wollen. Denn Sie haben nun das Bewusstsein darüber, dass es Ihnen in einem negativen Gefühlszustand schwerer fallen wird, positiv von sich zu denken und hoffnungsvoll in die Zukunft zu blicken. Gleichzeitig wissen Sie, dass Ihnen das Erschaffen neuer Ziele leichter fallen wird, sobald es Ihnen besser geht.

Dieses Wissen können Sie also nutzen, um sich bewusst aus negativen Gefühlen wieder herauszuarbeiten. Denn dann ziehen die Wolken in Ihrem Kopf auch automatisch zur Seite. Es gibt einige

Möglichkeiten, sich selbst dazu zu animieren, positiver zu empfinden. Eine sehr wirkungsvolle ist es, gezielt Glücksgefühle in sich selbst auszulösen.

Glücksgefühle

Die Wahrnehmung von Glücksgefühlen führt bei uns Menschen automatisch zu einer positiven Einfärbung unserer Denkstrukturen. Wenn wir uns glücklich fühlen, nehmen wir uns selbst und unsere Umgebung positiver wahr und blicken hoffnungsvoller und mutiger in unsere Zukunft.
Was liegt also näher, als Glücksgefühle bewusst hervorzurufen? Genau. Nichts.

Die Frage ist nur, wie können Sie Glücksgefühle in sich selbst auslösen? Also, nur für den Fall, dass Sie vielleicht nicht gerade frisch verliebt sind. Dazu ist es zunächst wichtig, zu wissen, woher Glücksgefühle eigentlich kommen und was sie in unserem Körper tun.

Für die Empfindung von Glücksgefühlen sind bestimmte Hormone und Botenstoffe verantwortlich. Diese schüttet unser Körper in spezifischen Situationen aus. Wenn wir verliebt sind, wird zum Beispiel in hohem Maße Oxytocin ausgeschüttet. Das macht nicht nur glücklich, sondern fördert auch das Bedürfnis, sich binden zu wollen. Weitere wesentliche Glücksbotenstoffe sind zum Beispiel Serotonin und Dopamin. Deren Ausschüttung können wir gezielt hervorrufen, auch, wenn wir uns gerade nicht in einer (frisch verliebten) Partnerschaft befinden:

- Sobald Sie sich bewegen oder aktiv Sport treiben, schüttet Ihr Körper eine Vielzahl von glücklich machenden Botenstoffen aus – unter anderem Serotonin und Dopamin. Wenn Sie also gezielt Glücksgefühle in sich auslösen möchten, treiben Sie eine Runde **Sport**: Gehen Sie joggen, fahren Sie eine Runde mit dem Rad, nehmen an einem Aerobic-Kurs teil, springen Sie Seil, tanzen Sie durch Ihre Wohnung … Dies alles sind nicht nur hervorragende Möglichkeiten, Stress abzubauen. Ihr Körper wird Sie außerdem mit einer extra Dosis Glücksgefühlen belohnen. Und wenn es nicht gleich eine gezielte Sporteinheit sein soll, reicht auch ein **Spaziergang an der frischen Luft**. Bereits gemäßigte Bewegung an der frischen Luft führt zu einer Verbesserung der Stimmung.

- Lösen Sie Glücksgefühle in sich selbst aus, indem Sie sich zum **Lachen** bringen. Sie finden, das klingt verrückt? Eigentlich nicht. Denn sobald Sie lachen, erhält Ihr Körper das Signal zur Ausschüttung von Serotonin und Dopamin. Warum nicht dieses Wissen nutzen und dem eigenen Glück auf die Sprünge helfen? Schauen Sie also bewusst mal eine witzige Serie, die Ihnen keine andere Wahl lässt, als zu lachen. Oder wenn Sie können – gönnen Sie sich mal, so richtig albern zu sein. Es gibt sogar Lachyoga-Kurse. Diese haben zum Ziel, die Teilnehmer zum Lachen zu animieren und sie auf diese Weise zu ihrer aufrichtigen Freude zu führen. Vielleicht gibt es ja auch einen Kurs in Ihrer Nähe – dann probieren Sie es doch mal aus.

- Auch die Art der **Ernährung** hat Auswirkungen auf unsere Stimmung. Man weiß heute, dass eine bestimmte Ernährung zur

Erhöhung des Serotoninspiegels führt. Dazu zählt zum Beispiel Fisch, aber auch kohlenhydratreiche und eiweißarme Lebensmittel. Sprich: Viele Getreideprodukte, Hülsenfrüchte und Fleisch in Maßen. Im weiteren Verlauf dieses Ratgebers erhalten Sie weitere konkrete Tipps für eine ausgewogene und energiespendende Ernährungsweise.

- Nicht zuletzt führt natürlich jede Art von **körperlicher Nähe** zum Ausschütten von Oxytocin und damit einhergehend zu einem Glücksgefühl. Wenn Sie einen Partner haben, gönnen Sie sich eine bewusste Kuscheleinheit. Wenn Sie keinen Partner haben, können auch Umarmungen von Freunden oder das Kuscheln Ihres Haustieres den gleichen Effekt haben.

Was wird also für ein unendliches Mindset benötigt?

Wenn Sie bis hierhin gelesen haben, besitzen Sie bereits alles Wissen, das Sie benötigen, um Ihr Mindset ins Unendliche entwickeln zu können. Grundsätzlich vollzieht sich die Ausweitung des Mindsets durch:

- **Die Analyse Ihrer bisherigen Denkstruktur:** Um Ihr Mindset ins Unendliche entwickeln zu können, müssen Sie sich zunächst über seine aktuelle Struktur bewusst werden. Wie nehmen Sie sich und Ihre Umwelt wahr? Sind Sie eher jemand, der das Glas als halb voll oder als halb leer betrachtet? Wie denken die

Menschen, mit denen Sie sich umgeben? Welche Erfahrungen in Ihrem Leben haben dazu geführt, dass Sie diese eine Sicht auf die Dinge haben?

All diese Fragen können Ihnen Ansätze liefern, um sich ein Bild über Ihre persönliche Denkweise zu machen. Bedenken Sie dabei stets, dass Ihre Sichtweise nicht in Stein gemeißelt ist. Sie können sie verändern. Sobald Sie sich über Ihre Perspektive im Klaren sind, können Sie diese bewusst verstellen und dorthin ausrichten, wo Sie hinmöchten.

- **Die bewusste Veränderung Ihres Fokus:** Hierin liegt schließlich der Schlüssel zur Unendlichkeit Ihres Mindsets. So entscheidet einzig und allein die Ausrichtung Ihres Fokus darüber, ob Sie

  o glücklich oder unglücklich,
  o erfolgreich oder mutlos,
  o ein Erschaffer der eigenen Realität oder ein Opfer der Umstände sind.

Sie allein haben die Macht, Ihren Fokus gezielt dahin zu lenken, wo Sie hinmöchten. Wenn Sie dies verinnerlicht haben, können Sie sehen, dass Ihr Mindset unendlich ist – je nachdem, welches Ziel Sie erreichen möchten, können Sie Ihr Mindset genau dorthin entwickeln.

Nochmal: Sobald Sie wissen, was Sie erreichen wollen und wer Sie sein wollen, können Sie Ihren Fokus gezielt auf das Erreichen dieser Ziele lenken!

Vielleicht stolpern Sie auf Ihrem Weg über das ein oder andere eingeschliffene Denkmuster, das Sie beim Erreichen Ihrer Ziele ausbremst. Dann arbeiten Sie daran! Vielleicht wird Ihnen auch bewusst, dass Ihnen spezifische Kenntnisse oder Fähigkeiten fehlen, die Sie zum Erreichen dieses Zieles noch benötigen. Dann erwerben Sie diese!

Vielleicht ist es notwendig, dass Sie Ihre bisherigen Routinen verändern, um sich dem anzunähern, was Sie erreichen wollen. Zum Beispiel, indem Sie gezielt Sport und bewusste Ernährung in Ihr Leben integrieren. In jedem Fall aber haben Sie die Macht darüber, wie Sie Ihr Mindset ausrichten. Und damit einhergehend auch, welche Art von Leben Sie führen.

Im weiteren Verlauf dieses Ratgebers erhalten Sie eine Step-by-Step-Anleitung zur Erschließung Ihres unbegrenzten Mindsets. Wesentliche Elemente auf diesem Weg sind:

- Ziele
- Selbstbewusstsein
- Positives Denken
- Selbstdisziplin
- Motivation

Jeder einzelne Punkt wird nachfolgend genauer dargestellt und erläutert. Zudem erhalten Sie zu jedem Thema ganz konkrete Tipps und praktische Ansätze, die Sie für Ihre individuelle Mindset-Arbeit nutzen können. Die fünf Aspekte beeinflussen und ergänzen sich wechselseitig. Ihr ganzheitliches Zusammenwirken führt zur unendlichen Ausdehnung Ihres persönlichen Mindsets. Und damit einhergehend zur Lenkung Ihres Lebens auf Erfolgskurs. Oder um es in den Worten von Albert Schweitzer zu sagen:

„Die größte Entscheidung deines Lebens liegt darin, dass du dein Leben ändern kannst, indem du deine Geisteshaltung änderst."

Ziele

WIESO ZIELE SETZEN

Sie wissen nun, dass Sie grundsätzlich in der Lage dazu sind, Ihr Mindset gezielt auszurichten. Ebenfalls wissen Sie um die Möglichkeit, dies in unbegrenzter Form zu tun – abhängig davon, worauf Sie Ihren Fokus richten wollen. Wie können Sie dies aber steuern? Wie kann man seinen Fokus gezielt so ausrichten, dass er zu einem kraftvollen und Erfolg bringenden Mindset führt? Nun, wenn Sie Ihren Fokus – und damit auch Ihr Mindset – geZIELt in eine bestimmte Richtung lenken wollen, benötigen Sie im ersten Schritt zunächst eines: nämlich konkrete Ziele.

Wo wollen Sie hin? Wie wollen Sie sein? Was wollen Sie erreichen? Wie soll Ihr Leben in einem Jahr sein? Dies alles sind Fragen, die Sie auf dem Weg in Ihr neues Mindset navigieren können. Indem Sie sich bewusst machen, was Ihr aktueller Ist-Zustand ist und was Sie – im Vergleich zu diesem – in der Zukunft verändern wollen, entwickeln Sie automatisch Ziele, die Sie sich setzen. Es mag Ihnen vielleicht nicht unbedingt bewusst sein. Aber jede Vision davon, wie Ihr Leben zukünftig ausgestaltet sein soll, impliziert unterschwellige Zielsetzungen.

Wichtig ist, sich diese oft unbewusst ablaufenden Zielvorstellungen bewusst zu machen. Denn erst dadurch machen Sie Ihre Ziele für sich sichtbar und erreichbar. Sie können dann konkrete Schritte planen, die Sie unternehmen müssen, um Ihre Ziele zu erreichen.

REELLE ZIELE UND ABSTRAKTE ZIELE

Nun kann man sich sehr unterschiedliche Ziele setzen. Bei der Ausformulierung Ihrer Ziele sind Ihnen grundsätzlich keine Grenzen gesetzt.

Vielleicht wollen Sie im nächsten halben Jahr Ihr Gewicht reduzieren. Oder Sie verfolgen das Ziel, mehr Geld zu verdienen. Oder Sie wollen selbstbewusster werden. Vielleicht wollen Sie eine längere Urlaubsreise unternehmen oder endlich heiraten.

Die Ausrichtung Ihrer Ziele ist – wie die Ausrichtung Ihres Mindsets – absolut unbegrenzt. Maßgeblich für die Herausbildung Ihrer persönlichen Zielvorstellungen ist Ihre Lebenssituation, Ihre Persönlichkeitsstruktur und Ihr individuelles Wertesystem.

Egal, wie groß Ihre Träume sind und welches konkrete Thema Ihre Zielsetzungen betreffen – es gibt eine goldene Regel, die Sie beim Ausformulieren Ihrer Ziele anwenden sollten:

Formulieren Sie Ihre Ziele so konkret und realistisch wie möglich!

So könnten Sie sich zum Beispiel wünschen, reich sein zu wollen. Finanzielle Sicherheit und Wohlstand ist ein Thema für jeden von uns und der Wunsch nach Reichtum ist somit ein gut nachvollziehbares Ziel. Gut. Nun haben Sie also Ihr Ziel:

„Ich will reich sein."

Liest sich erst mal gut, nicht wahr? Zeitgleich beinhaltet dieses

Ziel aber wenig konkrete Handlungsmöglichkeiten. Diese braucht es jedoch, damit ein Ziel erreichbar wird. Die Konkretisierung Ihrer Ziele entscheidet darüber, dass sie eben nicht als „unerfüllte Luftschlösschen" zurückbleiben.

Das oben formulierte Ziel „*Ich will reich sein.*" stellt somit ein **abstraktes Ziel** dar. Das bedeutet: Sie wissen zwar, dass Sie reich sein wollen. Aber was konkret bedeutet Reichtum überhaupt für Sie? Welche Möglichkeiten gibt es, Reichtum zu generieren? Was könnten und müssten Sie gegebenenfalls selbst dafür tun? Das sind alles wesentliche Fragen, die Sie sich schon im Rahmen Ihrer Zielsetzung bewusst machen müssen. Warum? Um Ihr Ziel besser abzustecken und damit überhaupt seine Erreichbarkeit herstellen zu können.

Es geht bei der Formulierung Ihrer Ziele also darum, dass Sie diese auf deren Konkretisierung und Realisierbarkeit hin prüfen. Das heißt einerseits, dass Sie Ihr Ziel so konkret wie möglich formulieren. Statt „*Ich will reich sein.*" formulieren Sie besser „*Ich möchte in den nächsten 12 Monaten mein Einkommen um insgesamt 20 % steigern.*" Ebenfalls sollten Ihre Ziele auch realisierbar sein.

Wenn Sie sich nun zum Beispiel das Ziel setzen „*Ich will einen Millionär heiraten.*", ist das vielleicht nicht unbedingt realisierbar. Also, ich kenne natürlich Ihre privaten Lebensumstände nicht. Und ja, mit dem richtigen Mindset können Sie sicher langfristig einen vermögenden Partner anziehen. In jedem Fall sollten Sie aber bei jedem Ziel überprüfen, ob es eine realistische Aussicht auf dessen Erreichbarkeit gibt. Oder ob Sie es gegebenenfalls dahingehend umformulieren müssen, dass es für Sie greifbarer wird.

GROSSE ZIELE UND KLEINE ZIELE

Das soeben Gelesene soll Sie nicht entmutigen. Scheuen Sie sich um Gottes Willen nicht, große Ziele und Visionen für Ihr Leben zu haben. Denn wie bereits gesagt – grundsätzlich können Sie mit dem richtigen Mindset alles erreichen, was Sie sich wünschen. Und große Ziele sind der Motor für diesen Prozess. Also träumen Sie ruhig und entwickeln Sie ungehemmt Visionen Ihres zukünftigen Lebens. Wenn es dann um die konkrete Umsetzbarkeit geht, macht es jedoch Sinn, Ihre Vision auf viele kleine Schritte herunterzubrechen. Und zwar aus folgendem Grund: Große, weit entfernte Ziele, die für uns nicht richtig greifbar sind, bergen die Gefahr, dies auch zu bleiben: groß und weit entfernt. Oder noch schlimmer: Das Gefühl, diese großen Ziele nicht erreichen zu können – beziehungsweise nicht so schnell erreichen zu können, wie wir uns das gewünscht haben –, kann einen sehr demotivierenden und entmutigenden Effekt auf uns haben. Diese Falle sollten Sie bewusst umgehen.

Lassen Sie mich dies an einem Beispiel deutlich machen: Nehmen wir an, Sie setzen sich zum Ziel, in den nächsten Jahren zu heiraten. Sie sehen sich selbst schon vor Ihrem inneren Auge an Ihrem großen Tag. Sie wissen bereits, an welchem besonderen Ort die Hochzeit stattfinden soll und haben vielleicht insgeheim auch schon Ihre Gästeliste geplant. Nur ein wesentlicher Bestandteil fehlt Ihnen bisher noch: der richtige Partner. Vielleicht sind Sie erst seit kurzem Single, vielleicht schon seit einer längeren Zeit.

Fakt ist: Der Wunsch und die Vorstellung von der eigenen Hochzeit sind wunderschön und legitim. Solange bisher jedoch kein passender Partner in Sicht ist, ist das ein großes Vorhaben.

Damit möchte ich nicht sagen, dass Sie in diesem Moment aufhören sollten, sich Ihre Traumhochzeit in den schillerndsten Farben vorzustellen. Nein, das sollten Sie weiterhin tun! Machen Sie dabei jedoch nicht den Fehler, die Zwischenschritte zu übersehen. Denn schlimmstenfalls führt Ihr großes Ziel dazu, dass Sie sich selbst schlecht fühlen, wenn Sie im Laufe des nächsten Jahres immer noch keine Einladungskarten verschickt haben.

Vielmehr würde es an dieser Stelle Sinn machen, sich den Zwischenschritten zu widmen. Bevor Sie Ihre Traumhochzeit feiern können, benötigen Sie zunächst mal den richtigen Partner. Das macht Sinn, oder? Liebe ist natürlich ein sehr komplexer Prozess und kann nicht erzwungen werden. Aber Sie könnten der großen Liebe schon ein wenig auf die Sprünge helfen.

Sie könnten sich zum Beispiel fragen, wie dieser Partner sein soll und wo Sie ihn finden könnten. Sie könnten mehr ausgehen, sich in einem Sportverein oder auf einer Dating-Plattform im Internet anmelden. Sie könnten gegebenenfalls an Ihrem Selbstvertrauen oder Ihrem Erscheinungsbild arbeiten, um Ihre Attraktivität auf das andere Geschlecht steigern zu können. Sie könnten beginnen, Ihnen sympathische Menschen auf der Straße anzulächeln. Und so weiter.

Sie sehen also, allein bis zum Punkt der Beziehungsfindung ließe sich das große Ziel *„Ich will heiraten."* in viele kleine Teilziele untergliedern. Wenn Sie sich diese Zwischenschritte bewusst machen und für sich als Teilziele ausformulieren, tun Sie sich einen großen Gefallen.

Denn:

- Sie machen Ihr Vorhaben konkreter und greifbarer.
- Sie schaffen sich Möglichkeiten, sich Ihrem großen Ziel schrittweise zu nähern.
- Sie kommen leichter ins Handeln.
- Sie können sichtbare Fortschritte machen, indem Sie sich viele kleine Ziele setzen und diese step-by-step bewältigen.
- Sie erhalten dadurch Ihre Motivation aufrecht und geben sich gleichzeitig das Gefühl, Ihre Ziele erreichen zu können.

ARTEN VON ZIELEN

Grundsätzlich gibt es verschiedene Arten von Zielen. Sie können sich innerhalb jedes Lebensbereiches die unterschiedlichsten Ziele setzen. Nachfolgend einige Beispiele:

Beruflich

Das Setzen beruflicher Ziele dient dazu, die Art der Berufstätigkeit auszugestalten beziehungsweise die eigene Karriere voranzutreiben. Mögliche Ziele sind:

- Ich will meinen Umsatz innerhalb des nächsten Jahres um 20 % steigern.
- Ich möchte zunehmend von zu Hause arbeiten.
- In zwei Jahren möchte ich eine leitende Position innehaben.
- …

Sport

Ziele im Sport beziehen sich auf die Steigerung Ihres sportlichen Leistungsvermögens. Dies kann zum Beispiel sein:

- Ich möchte meine Joggingstrecke von 5 auf 10 Kilometer ausweiten.
- Im Laufe der Saison wollen wir 8 Spiele gewinnen.

- Ich will meine Zeit beim Schwimmen um 20 % verbessern.

- …

Privat (z. B. Gewicht)

Private Ziele können alle anderen, für Sie bedeutsamen Lebensbereiche betreffen. Denkbare Ziele sind:

- In den nächsten 4 Wochen will ich 3 Kilo abnehmen.

- Ich möchte meinen Freundes- und Bekanntenkreis erweitern.

- Ich will an meinem Selbstwertgefühl arbeiten.

- …

ZEITRAUM FESTLEGEN

Neben der Konkretisierung Ihrer Ziele macht es auch Sinn, einen Zeitraum festzulegen, in welchem Sie diese erreicht haben wollen. Sich bewusst zu machen, wie viel Zeit Sie für das Erreichen Ihres Zieles benötigen werden, ist wesentlicher Bestandteil einer guten Zielformulierung.

Sie erstellen sich bewusst ein Zeitfenster, das Sie bewusst für die Erarbeitung Ihres Zieles nutzen wollen. Damit erschaffen Sie sich auch gleichzeitig einen Motivationspunkt, um ins Handeln zu kommen. Im Laufe Ihres Zeitfensters können Sie für sich selbst immer wieder überprüfen, wie nah Sie Ihrem Ziel bereits gekommen sind und was Sie gegebenenfalls noch unternehmen müssen, um es bis zum Ende Ihrer gesetzten Frist zu erreichen. Natürlich ist es auch hier wichtig, dass Sie den Zeitraum so realistisch wie möglich festlegen.

Wenn Sie zum Beispiel so schnell wie möglich Gewicht verlieren möchten, macht es Sinn, sich Gedanken zu machen, wie viel Gewicht Sie realistisch innerhalb einer Woche oder eines Monats verlieren können. Die Zielformulierung *„Ich will bis in zwei Wochen 10 Kilo abgenommen haben. "* wäre zum Beispiel kontraproduktiv, da Sie dies auf gesundem Wege wahrscheinlich nicht schaffen können. Die Konsequenz daraus könnte sein, dass Sie sich „gescheitert" und entmutigt fühlen. Um Ihre Motivation aufrechtzuerhalten, formulieren Sie Ihr Ziel also eher so, dass es für Sie gut zu erreichen ist. Zum Beispiel: *„Ich will in den nächsten vier Wochen drei Kilo abnehmen."* Auf diese Weise verschaffen Sie sich ein positives Erfolgserlebnis, was sich wiederum auf Ihre Motivation und Ihren Selbstwert auswirkt.

Grundsätzlich können Sie sich bei der Formulierung Ihrer Ziele an der sogenannten **SMART-Formel** orientieren. SMART steht für eine amerikanische Methode zur erfolgreichen Zielformulierung. Bei dem Begriff handelt es sich um eine Abkürzung.

SMART steht für: spezifisch, messbar, attraktiv, realistisch und terminiert. Das bedeutet, bei der Formulierung von Zielen sollte auf diese fünf Aspekte geachtet werden. Ziele sollen

- **spezifisch:**
  konkret, gegebenenfalls in Teilziele untergliedert

- **messbar:**
  es soll messbar sein, z.B. „Ich möchte fünf Kilo abnehmen." oder „Ich möchte 10 % mehr Einkommen erwirtschaften."

- **attraktiv:**
  die Erreichbarkeit des Zieles soll positiv besetzt und nicht als „quälend" wahrgenommen werden

- **realistisch:**

  hängt eng zusammen mit der Attraktivität; es muss gut machbar und erreichbar sein, sodass die Motivation zur Erreichung erhalten bleiben kann

- **terminiert:**

  ein fester Zeitraum wird festgelegt, um die Motivation aufrechtzuerhalten und auch das Erreichen des Zieles kontrollieren zu können

sein.

Warum überhaupt selbstbewusst sein?

WAS ZEICHNET SELBSTBE-WUSSTE MENSCHEN AUS

Selbstbewusstsein. Was bedeutet das eigentlich? Haben Sie sich den Begriff *Selbstbewusstsein* eigentlich schon mal genauer angeschaut?

Wenn wir das tun, erkennen wir, dass es sich um eine Wortzusammensetzung handelt: *Selbst-Bewusst-Sein*. Ein selbstbewusster Mensch ist demnach jemand, der sich *seines Selbst bewusst ist*. Was könnte das bedeuten?

Dem Wortlaut folgend könnte es sich um jemanden handeln, der sich gut kennt. Weiterhin könnte damit eine Person gemeint sein, die *bewusst* ist. Also jemand, der sich seiner Stärken und Schwächen, Prägungen, Bedürfnissen und Wünschen bewusst ist. Gehen

Sie so weit mit?

Wie steht es denn um Ihr Selbstbewusstsein? Sind Sie ein Mensch, der sich *seines Selbst bewusst ist*? Wie gut kennen Sie sich? Wie präsentieren Sie sich der Welt? Woran erkennen Sie einen selbstbewussten Menschen?

Überlegen Sie mal, ob Sie jemanden in Ihrem Freundes-, Bekannten- oder Kollegenkreis haben, den Sie als selbstbewusst beschreiben würden. Woran machen Sie fest, dass es sich um eine selbstbewusste Person handelt? Wie wirkt der- oder diejenige auf Sie?

Grundsätzlich gibt es einige sichtbare Eigenschaften, über die selbstbewusste Menschen verfügen. Meist können Sie selbstbewusste Menschen daran erkennen, dass sie mindestens die drei folgenden Merkmale an den Tag legen:

- Sie können sich durchsetzen
- Sie treffen bewusste Entscheidungen und handeln dementsprechend
- Sie sind in der Lage, „Nein" zu sagen

Durchsetzungsvermögen

Wer über Durchsetzungsvermögen verfügt, ist in der Lage, die eigenen Interessen und Bedürfnisse gegenüber anderen zu vertreten und schließlich auch durchzusetzen. Damit ist nicht gemeint, den Willen anderer grundsätzlich zu übergehen und nur sich selbst im

Mittelpunkt zu sehen. Das wäre Egoismus. Durchsetzungsvermögen beschreibt vielmehr die Fähigkeit, sich mit seinen individuellen Interessen, Zielen oder Bedürfnissen einer anderen Partei zu zeigen. Diese werden dann auf eine Weise dargestellt, dass am Ende das gewünschte Ergebnis erhalten wird. Durchsetzungsfähigkeit bedeutet, für sich selbst einzustehen und den Mut zur Konfrontation zu haben. Die Grundlage dafür ist immer faire Kommunikation auf Augenhöhe und kein Einsatz von Macht oder Druckmitteln.

Um sich durchsetzen zu können, muss man sich über seine individuellen Ziele, Interessen und Bedürfnisse bewusst sein. Weiterhin muss man selbst davon überzeugt sein, dass deren Erfüllung funktionieren und zu einer Verbesserung der Situationen führen wird. Durchsetzungsfähige Menschen kennzeichnen sich durch ein Auftreten, das einerseits Überzeugungsfähigkeit transportiert, andererseits aber auch Kompromissfähigkeit signalisiert. Insbesondere Letzteres führt zu einer Art Vertrauensebene zwischen den Gesprächspartnern. Diese ist die Grundlage für authentisches Durchsetzungsvermögen.

Wenn Sie nun feststellen, dass hinsichtlich Ihrer persönlichen Durchsetzungsfähigkeit noch Luft nach oben ist, ist das kein Grund, den Kopf hängen zu lassen. Beginnen Sie stattdessen zu üben! Nutzen Sie dafür die nächsten sich bietenden Möglichkeiten zur Konfrontation. Halten Sie Ausschau nach Situationen, in denen es darum geht, Ihre Interessen zu vertreten und sich mit der Umwelt darüber auseinanderzusetzen. Üben Sie dies. Erleben Sie sich in solchen Situationen.

Wie geht es Ihnen, wenn Sie für sich selbst einstehen? Achten Sie darauf, wie Sie sprechen, wie Sie sich fühlen. Wie treten Sie auf, was drücken Sie gegebenenfalls nonverbal aus? Gelingt es Ihnen, gleichzeitig durchsetzungsstark, fair und kompromissbereit zu sein?

Scheuen Sie sich nicht und probieren Sie sich stetig im Training Ihres Durchsetzungsvermögens aus. Die aufgeworfenen Fragen können Ihnen als Orientierung zur Selbstbeobachtung dienen. Insbesondere mit der Bedeutung Ihrer Körpersprache werden wir uns im weiteren Verlauf dieses Kapitels noch genauer beschäftigen.

Bewusste Entscheidungen und Handlungen

Um durchsetzungsstark zu sein – so haben wir bereits erfahren –, muss man sich seiner inneren Ziele, Interessen und Bedürfnisse bewusst sein. Nur dann kann man diese auch überzeugend nach außen vertreten. Dies führt uns zu einem weiteren wesentlichen Merkmal selbstbewusster Menschen: der Fähigkeit, bewusst Entscheidungen zu treffen und auch nach diesen zu handeln.

Um bewusste Entscheidungen zu treffen, muss man sich darüber im Klaren sein, wer man ist und wo man hinmöchte. Da haben wir es wieder: Für eine zielgerichtete Entscheidungsfindung muss man sich *seines Selbst bewusst sein*. Das beinhaltet, regelmäßig in sich hineinzuhören und die eigenen Ziele, Interessen und Bedürfnisse mit dem aktuellen Ist-Zustand abzugleichen. Wenn dabei deutlich wird, dass es einer Veränderung bedarf, um den persönlichen Motiven wieder näher zu kommen, gilt Folgendes: Diese muss in die Wege geleitet werden. Und dafür muss eine bewusste Entscheidung getroffen werden. Lassen Sie mich dies an einem exemplarischen Beispiel verdeutlichen:

Wenn Sie zum Beispiel unglücklich in Ihrem Job sind, wird sich Ihnen dies zunehmend zeigen. Vielleicht haben Sie keine Lust mehr, morgens aufzustehen, sind durchgängig schlecht gelaunt. Vielleicht lässt Ihre Leistung nach oder Sie spüren, wie Sie immer energieloser werden. Dies zu bemerken, bedarf einer gewissen Aufmerksamkeit gegenüber sich selbst. Wenn Sie in diesem Prozess weiter fortfahren, können Sie in sich hineinspüren und sich fragen, warum Sie zunehmend schlechte Laune haben oder Ihre Leistungen abgefallen sind. Vielleicht werden Sie dann darauf aufmerksam, dass Sie Ihre Tätigkeit als monoton empfinden und Ihnen ein gewisser Spielraum zur Weiterentwicklung fehlt.

Vielleicht leiden Sie jedoch auch zunehmend unter dem Konflikt mit Ihrem Vorgesetzten, was sich schließlich auf Ihre gesamte Arbeitsmotivation auswirkt. Was auch immer es ist, sobald Sie sich dessen bewusst geworden sind, sind Sie an einem wesentlichen Punkt angekommen: Nun, wo Sie die Wurzel Ihrer Unzufriedenheit ausfindig gemacht haben, können Sie eine Lösung für dieses Thema finden. Sie können eine bewusste Entscheidung treffen. Dies kann dann z.B. das längst überfällige Klärungsgespräch mit dem Vorgesetzten oder aber die Suche nach einer neuen erfüllenden Tätigkeit sein.

Selbstbewusste Menschen bleiben nicht nur stetig mit Ihren inneren Motiven und Interessen in Kontakt. Sobald diese zu sehr in den Hintergrund geraten, überprüfen Sie, inwieweit wieder ein Gleichgewicht hergestellt werden kann. Schließlich kommen Sie zu einer Lösung und treffen eine Entscheidung. In einem nächsten Schritt gilt es dann auch, gemäß dieser Entscheidung zu handeln. Dazu bedarf es einer gewissen Portion Mut und Vertrauen in sich selbst. Die getroffene Entscheidung muss das Gefühl vermitteln, die Situation langfristig zu verbessern. Und zwar zugunsten der eigenen Weiterentwicklung.

Menschen, die ihr Leben auf diese Weise ausgestalten, übernehmen damit gewissermaßen die volle Verantwortung für sich und ihr Leben. Sie nehmen ihr Leben bewusst in die Hand, treffen Entscheidungen und handeln proaktiv. Sie schrecken nicht davor zurück, Fehler machen oder scheitern zu können und leben ihr Leben in Form eines Entwicklungsprozesses. Man könnte sagen, sie sind die Gestalter ihres eigenen Lebens. Wenn Sie sich darin noch etwas üben möchten, bietet Ihnen Ihr Alltag eine Vielzahl von Möglichkeiten. Hören Sie öfter mal in sich hinein: Was möchten Sie zum Frühstück essen? Wollen Sie heute wirklich mit dem Bus fahren oder doch lieber ein Stück laufen? Wollen Sie heute Abend wirklich ins Kino oder ist Ihnen doch eher danach, sich ein wenig Ruhe auf dem Sofa zu gönnen?!

Mithilfe vieler kleiner Alltagssituationen können Sie Ihr Gefühl für Ihre Bedürfnisse und Interessen sensibilisieren. Erleben Sie, wie es sich anfühlt, dann auch danach zu handeln.

Nein sagen

Dies führt uns schließlich zu einer letzten wesentlichen Eigenschaft selbstbewusster Menschen: der Fähigkeit, „Nein" zu sagen. Viele Menschen haben Schwierigkeiten damit, eine Bitte abzulehnen, eine Verabredung abzusagen oder in irgendeiner Form dafür zu sorgen, dass die Erwartungen anderer Personen enttäuscht werden. Dies liegt daran, dass wir fälschlicherweise glauben, die andere Seite könnte unser „Nein" gleichsetzen mit der Ablehnung ihrer gesamten Person.

Das Prinzip Erwartungen-erfüllen stammt meist aus unserer Kindheit. Aus einer Zeit, in der wir mehr oder weniger abhängig davon waren, die Erwartungen unserer Eltern und anderer Bezugspersonen zu erfüllen. Es spricht auch grundsätzlich nichts dagegen, sich die Erwartungen anderer Menschen bewusst zu machen und diese im eigenen Handeln zu berücksichtigen. Die meisten von uns haben daraus jedoch einen fatalen Trugschluss abgeleitet: Nämlich, dass die Erwartungen anderer Menschen mehr Gewichtung haben als ihre eigenen Bedürfnisse und Interessen.

Diese Grundannahme findet sich im Mindset selbstbewusster Menschen nicht! Ein selbstbewusster Mensch weiß, dass er das Recht hat, „Nein" zu sagen. Er weiß weiterhin, dass dieses „Nein" nichts über die andere Person aussagt. Vielmehr drückt es aus, dass sich hier jemand seiner eigenen Grenzen bewusst ist und diese wichtig nimmt. Sich selbst wichtig nimmt. Vor diesem Hintergrund ist auch die Fähigkeit „Nein" zu sagen ein Ausdruck des eigenen *sich-seines-Selbst-bewusst-seins.* Es zeugt davon, sich selbst zu kennen und sich auch selbst treu zu bleiben – ungeachtet der Erwartungen anderer.

Bevor Sie jetzt einwenden können, dass man ein solches Verhalten auch als Egoismus bezeichnen könnte, soll nochmal deutlich werden: Ähnlich der Durchsetzungsfähigkeit geht es hier nicht darum, die Perspektive anderer Menschen zu ignorieren oder zu übergehen. Vielmehr ist es ein Anreiz dafür, im Austausch mit dem Gegenüber die eigenen Grenzen zu spüren und für diese einzustehen. Nicht ignorant, aber selbstbewusst. Und vor allem ohne die Sorge, man könne die eigenen Grenzen der anderen Person nicht „zumuten". Denn das können Sie. Ihre Hauptverantwortung sollte Ihnen gelten und nicht den Grenzen einer anderen Person.
Auch hier haben Sie in Ihrem Alltag sicher ausreichend Gelegenheit, sich im „Nein" sagen zu üben.

Achten Sie darauf, wie Sie sich dabei fühlen. Sind Sie eher bei sich oder bei der anderen Person? Was macht es mit Ihnen, wenn Sie sich für sich einsetzen? Machen Sie sich zwischendurch immer wieder bewusst, dass Sie die alleinige Verantwortung haben, Ihre Grenzen zu schützen. Jede – mehr oder weniger – selbstbewusste Person sollte damit umgehen können.

ZEIGEN SIE DER WELT, WER SIE SIND

Ein selbstbewusster Mensch – so können wir bis hierhin zusammenfassen – ist sich also nicht nur *seines Selbst bewusst*, er vertritt dies auch ganz selbstverständlich nach außen. Er steht in jeder Situation zu sich selbst.

An dieser Stelle möchte ich auch Sie dazu einladen, in jeder Situation zu sich selbst zu stehen. Mehr noch:

Wenn Sie bislang zu den Menschen gehört haben, die lieber im Hintergrund bleiben und nicht zu viel Raum einnehmen wollen, ist <u>dies</u> der Zeitpunkt, um damit aufzuhören! Wenn Sie sich bislang gescheut haben, zu sich und all Ihren Stärken, Schwächen und Grenzen zu stehen, ist <u>jetzt</u> der richtige Zeitpunkt, damit zu beginnen!

Treten Sie heraus aus Ihrem eigenen Schatten und zeigen Sie sich der Welt in all Ihren Farben und Facetten! Werfen Sie all Ihre Zweifel, Sorgen und Befürchtungen über Bord!

Haben Sie den Mut, sich mit all Ihren Ecken und Kanten zu zeigen! Lösen Sie sich von der Angst, andere zu enttäuschen oder Ihnen zu missfallen! Dies ist IHR Leben!

Wenn Sie den Weg zu Ihrem persönlichen Glück und Erfolg gehen wollen, müssen Sie lernen, an sich zu glauben, zu sich zu stehen und sich der Welt zu zeigen! Und machen Sie sich keine Gedanken: Sie haben nichts zu verlieren! Indem Sie der Welt authentisch begegnen, für Ihre Interessen einstehen, Ihre Ziele verfolgen und zu Ihren Grenzen stehen, können Sie nur gewinnen!

Wenn Sie Ihr Leben auf diese Weise ausgestalten, werden Sie:

- an Selbstbewusstsein gewinnen
- sich den Herausforderungen Ihres Lebens gewachsen fühlen
- ein tiefes Vertrauen in sich und die Welt entwickeln
- erfüllende Beziehungen führen
- beruflichen Erfolg erhalten
- alles erreichen, was Sie möchten

WIE KANN ICH MEIN SELBSTBE-WUSSTSEIN STÄRKEN

Wenn Sie bis hierhin gelesen haben und spüren, dass Sie genau dieses Leben führen wollen – Bingo, dann haben Sie Ihr Mindset schon mal gut ausgerichtet! Eventuell tauchen aber auch Unsicherheiten und Zweifel in Ihnen auf. Kann das alles so einfach sein? Wie und wo soll ich anfangen, mich der Welt zu zeigen? Was werden meine Freunde, meine Familie dazu sagen? Kann ich das überhaupt?

Dazu kann ich Ihnen Folgendes sagen: Ja, können Sie! Mag sein, dass es etwas Übung bedarf. Aber ich bin mir sicher: Wenn Sie es wirklich wollen, werden Sie eine Person, die sich in jeder Situation selbstbewusst der Welt entgegenstellt. Was Sie dafür benötigen? Genau. Ein zielgerichtetes Mindset. Nachfolgend erhalten Sie einige Ansätze und Methoden, die Sie dabei unterstützen werden, Ihr Mindset richtig auszurichten und Ihr Selbstbewusstsein zu stärken.

Selbstbetrachtung (positives Hervorheben)

Führen Sie regelmäßig folgende Übung durch und lassen Sie sich davon überraschen, welche Wirkung sie auf Sie hat. Nehmen Sie sich bewusst einige Minuten Zeit, um sich in Ruhe selbst zu betrachten. Stellen Sie sich dazu am besten vor einen großen Spiegel und schauen Sie sich in Ruhe an. Schauen Sie sich in die Augen, mustern Sie Ihr Gesicht, lächeln Sie sich auch mal an.

Lenken Sie Ihren Fokus auf Ihre Zähne und Haare, Ihre Ohren und Ihren Hals. Lassen Sie Ihren Blick von Leberfleck zu Leberfleck wandern. Betrachten Sie aufmerksam Ihren Körper, Ihre Schultern und Arme, Ihren Bauch, Beine und Füße. Schenken Sie auch Ihren Zehen und Fingern Ihre Aufmerksamkeit. Das Gleiche gilt natürlich auch für Ihre Rückseite. Betrachten Sie Ihren Rücken, Ihre Beine, Ihr Gesäß.

Wichtig ist, dass Sie Ihren Fokus auf das Positive ausrichten. Es soll bei dieser Übung nicht darum gehen, sich selbst kritisch zu betrachten. Das machen wir alle viel zu oft. Nein. Es soll vielmehr darum gehen, dass Sie sich Ihre kleinen und großen Schönheiten bewusst machen! Was mögen Sie besonders gern an sich? Ihre Augen? Ihre Haare? Dieses eine Grübchen, wenn Sie lächeln? Vielleicht ist es auch Ihr Bauchnabel, ein bestimmtes Muttermal oder eine bedeutsame Tätowierung? Jeder Mensch hat viele Schönheiten an sich. Nehmen Sie sich die Zeit und finden Sie Ihre! Machen Sie sich Ihre Einzigartigkeit bewusst und lernen Sie, sich zunehmend aus liebevollen Augen zu betrachten.

Selbstanalyse (Was kann ich besonders gut?)

Die Durchführung einer Selbstanalyse kann Sie weiterhin darin unterstützen, den Fokus auf Ihre persönlichen Stärken und herausragenden Eigenschaften zu lenken. Mithilfe dieser Übung erarbeiten Sie sich ein zusätzliches Tool zur Entwicklung Ihres positiven und kraftvollen Mindsets. Dazu bietet es sich an, eine Liste anzufertigen. Geben Sie dieser Liste die Überschrift „Meine Stärken" oder „Was kann ich besonders gut?" und dann legen Sie los. Schreiben Sie alles auf, was Ihnen in den Sinn kommt. Jeder Mensch hat Stärken und besondere Begabungen, die ihn von anderen abheben. Auch Sie, da bin ich mir sicher. Nehmen Sie sich ruhig die Zeit und denken darüber nach, was Ihnen leicht fällt oder wofür Sie besonders geschätzt werden.

Zum Beispiel:

- Ich kann gut malen.
- Ich bin handwerklich begabt.
- Ich kann gut einparken.
- Ich bin empathisch.
- Mir fällt schnell auf, wenn jemand eine neue Frisur / neue Kleidung hat.
- Ich bringe andere gern zum Lachen.
- Ich kann gut Gitarre spielen.
- Ich koche die beste Paella.

Für Ihre Selbstwahrnehmung und Ihr positives Mindset ist es wichtig, dass Sie sich Ihrer Stärken bewusst sind. Lesen Sie sich Ihre Liste also ruhig öfter mal durch und ergänzen Sie diese auch regelmäßig.

Tägliche Affirmationen

Wo Sie Ihre Aufmerksamkeit hinlenken, dahin wird sich auch Ihr Leben ausrichten. Das wissen Sie nun bereits. Dieses Wissen können Sie nutzen, um sich selbst ein wenig zu „manipulieren". Oder besser gesagt: Ihren Fokus gezielt auszurichten. Und zwar in eine Richtung, die sich gut anfühlt für Sie – nach Glück, Erfolg, Liebe, Zufriedenheit.

Eine wunderbare Methode dafür sind *Affirmationen*. Affirmationen sind positive Sätze und Aussagen, die Sie zu sich selbst sagen können.

Beispiele sind:

- Ich bin liebenswert.
- Ich stehe für meine Bedürfnisse ein.
- Ich werde erfolgreich sein.
- Ich allein erschaffe meine Realität.
- Das Leben steckt voller Chancen und Möglichkeiten.
- Ich habe Geduld mit mir.

Schauen Sie, ob Sie sich mit einer der genannten Affirmationen identifizieren können. Ansonsten lassen Sie Ihrer Fantasie freien Lauf. Spüren Sie in sich hinein.

- Was wünschen Sie sich?
- Was brauchen Sie?
- Worauf wollen Sie Ihren Fokus lenken?

Sie können sich auch Inspirationen im Internet suchen. Es gibt eine Vielzahl von Affirmationen in schriftlicher oder akustischer Form (bei YouTube z.B.), von denen Sie sich inspirieren lassen können. Finden Sie die für Sie und Ihre momentane Lebenssituation passende(n) Affirmation(en). Und dann verinnerlichen Sie diese für sich. Es gibt verschiedene Möglichkeiten, wie Sie dies tun können: Schreiben Sie Ihre Affirmation(en) auf und hängen Sie sie an einen gut sichtbaren Ort in Ihrer Wohnung oder Ihrem Büro. Sie können auch ein Ritual daraus entwickeln und sich selbst Ihre Affirmation vorsagen oder visualisieren, z.B. jeden Morgen nach dem Aufstehen.

Auf diese Weise richten Sie Ihren Fokus bewusst auf etwas Positives. Wenn Sie dies nun regelmäßig wiederholen, können Sie diese positive Perspektive zunehmend in Ihrem Inneren verankern. Menschen lernen durch Wiederholung. Das heißt, eine Affirmations-Routine wird langfristig dazu führen, dass sich Ihr gesamter Fokus zunehmend ins Positive verschiebt. Damit einhergehend wird es Ihnen automatisch leichter fallen, sich selbst und Ihr Leben positiver wahrzunehmen.

Sport

Es wurde bereits erwähnt: Sport ist eine fantastische Möglichkeit, sich selbst in eine positive Stimmung zu versetzen. Neben dem kurzfristigen Hochgefühl, das durch sportliche Betätigung in unserem Körper ausgelöst wird, ist Sport auch auf lange Sicht ein wesentliches Element zur Steigerung Ihres Selbstbewusstseins.

Zum einen baut Sport in hohem Maße Stress ab.

Wenn Sie regelmäßige Sporteinheiten in Ihren Alltag einbauen, werden Sie insgesamt spüren, dass Sie sich besser fühlen und belastbarer sind. Sie werden spüren, dass es Ihnen leichter fallen wird, „bei sich zu bleiben". Darüber hinaus hat Sport einen immens großen Einfluss auf unser Körpergefühl. Je nachdem welchen Sport Sie ausüben – ob es Radfahren, Tanzen, Joggen, Schwimmen oder Fußballspielen ist –, jede Art von Sport fordert Ihren Körper. Mehr noch: Sport dient dazu, Ihren Körper zu stärken, ihn zu spüren.

Wenn Sie regelmäßig Sport ausüben, werden Sie wissen, dass sich dies auf Ihre Körperhaltung auswirkt. Sie werden Ihren Körper mehr aufrichten, den Boden fester unter Ihren Füßen spüren und in Ihrer gesamten Körperhaltung offener auftreten.

Vielleicht erwerben Sie sogar einen neuen Stolz auf Ihren Körper, dadurch dass Sie hier und da Muskeln aufbauen oder einige Kilos verlieren konnten.

Kurz: Regelmäßige Sporteinheiten werden dazu führen, dass Sie bestimmter und selbstbewusster auftreten. Dies wiederum wirkt auf Ihr Selbstgefühl, indem Sie sich automatisch auch stärker und präsenter fühlen. Im Sinne Ihres Selbstbewusstseins ist es also nur ratsam, sich eine regelmäßige Sportroutine anzueignen. Schauen Sie hier, was für eine Sportart Sie am ehesten anspricht. Machen Sie eher allein Sport oder lieber in der Gruppe mit anderen? Lieber draußen oder drinnen?

Es gibt eine große Bandbreite zu entdecken zwischen Yoga und Kickboxen, Springseilspringen und Vereinsfußball. Probieren Sie sich einfach aus und erleben, was Ihnen guttut. Denn sicherlich bedarf es etwas Disziplin, um sich eine Sportroutine anzugewöhnen. Der Grundgedanke von sportlicher Betätigung soll dabei aber immer erhalten bleiben – nämlich Spaß!

Reflektieren Sie Ihre Tage (Tagebuch)

Für eine dauerhafte Steigerung des Selbstbewusstseins kann es außerdem hilfreich sein, sich eine Reflexionsroutine anzueignen, zum Beispiel durch das Führen eines Tagebuchs. Schaffen Sie sich dafür bewusst ein abendliches Zeitfenster. Nutzen Sie dieses dann für eine mehr oder weniger ausführliche Tagesreflexion. Orientieren Sie sich dazu an folgenden Fragestellungen:

- Wie geht es Ihnen jetzt gerade im Moment?
- Wie ist Ihr Tag verlaufen?
- Sind Sie zufrieden mit sich?
- Was ist Ihnen gut gelungen?
- Was möchten Sie beim nächsten Mal anders machen?
- Welche positiven Eindrücke bleiben in Ihnen von diesem Tag zurück?

Wenn Sie Ihre Tage auf diese Weise reflektieren, schulen Sie langfristig Ihr Selbstbewusstsein.

Denn das regelmäßige Überdenken und Verschriftlichen Ihres Tagesablaufes hilft Ihnen einerseits, sich selbst besser zu verstehen: Ihre Verhaltensmuster, Ihre Perspektive auf die Welt, Ihre Ziele und Bedürfnisse. Andererseits können Sie sich auch hier ganz praktisch darin üben, Ihren Fokus zunehmend positiv auszurichten.

Achten Sie deshalb darauf, in Ihrer Tagesreflexion nicht zu streng mit sich umzugehen und den Fokus auf positive Erlebnisse und kleine Erfolge zu lenken.

Belohnungen

Eine positive Tagesreflexion können Sie wunderbar verknüpfen, indem Sie sich bewusste Belohnungen gönnen! Vielleicht fällt Ihnen während Ihrer Reflexionsroutine auf, dass Sie eine wirklich herausfordernde Woche hinter sich haben. Vielleicht können Sie eine erfolgreiche Entwicklung für sich verbuchen oder sehen, dass Sie eine Ihrer Hürden meistern konnten. Was auch immer es ist, worauf Sie mit Ihrem wohlwollenden Blick auf sich selbst aufmerksam werden – schenken Sie dem besondere Beachtung! Belohnen Sie sich! Gönnen Sie sich etwas! Nur allein für Sie und dafür, dass Sie Ihr Leben genauso ausgestalten, wie Sie es tun!

Indem wir uns selbst belohnen, signalisieren wir uns, dass wir es *wert* sind. Wir senden uns selbst ein Zeichen, dass wir unsere großen und kleinen Leistungen sehen und anerkennen können. Dies wiederum wirkt automatisch auf unser *Selbstwertgefühl* zurück.

Denn was gibt es Schöneres, als in seinen Bemühungen wahrgenommen und bestätigt zu werden? Und dann auch noch von sich selbst!

Entwickeln Sie also ein Bewusstsein für die kleinen und großen Dinge, die Ihnen guttun und die Sie sich beizeiten selbst gönnen wollen. Dies kann die bewusste Pause sein, in der es nur Sie und Ihren leckeren Milchkaffee gibt. Oder ein Blumenstrauß, den Sie sich selbst schenken. Vielleicht gönnen Sie sich aber auch einen Besuch im Kino oder gönnen sich die neue Uhr, mit der Sie schon lange liebäugeln.

Körpersprache

Ob Sie sich dessen bewusst sind oder nicht: Ihr Körper spricht Bände. An der Körpersprache eines Menschen lässt sich meist sehr deutlich ablesen, wie er zu sich selbst und seiner Umwelt steht. Wir alle senden unbewusst Signale über unsere Körperhaltung, Gestik und Mimik aus und empfangen diese auch aus unserem Umfeld.

Wenn wir uns bewusst machen, welche Macht unsere Körpersprache auf unser Selbstgefühl und die Ausgestaltung unserer Beziehungen hat, können wir beginnen, sie gezielt einzusetzen.

Was Ihr Körper über Sie aussagt

Wenn Sie sich schon mal auf ein Vorstellungsgespräch vorbereitet haben, wissen Sie, dass es dabei auch oft um das Trainieren eines gewissen Auftretens geht. Wenn wir – wie bei einem Vorstellungsgespräch – eine noch unbekannte Person von uns überzeugen wollen, versuchen wir natürlich, so bestimmt und selbstbewusst wie möglich rüberzukommen. Neben einem gepflegten Äußeren und dem Beherrschen der gängigen Höflichkeitsformen raten Job-Coaches dann u.a. dazu:

- auf einen angemessenen Händedruck zu achten: nicht zu schwach (könnte als Unsicherheit ausgelegt werden) und nicht zu stark (könnte als Dominanzgeste interpretiert werden)
- Augenkontakt zu halten, um Selbstsicherheit zu signalisieren
- auf eine aufrechte und offene Körperhaltung zu achten: Arme nicht verschränken (wird als Verschlossenheit gedeutet); nicht auf dem Stuhl „rumlümmeln" (könnte als Mangel an Respekt und Disziplin gedeutet werden)

So künstlich das bei der Vorbereitung auf ein Vorstellungsgespräch vielleicht wirken mag: Sie wenden dieses Wissen unbewusst in Ihrem Alltag an. Und zwar permanent. Zumindest, wenn es darum geht, die Signale anderer Menschen wahrzunehmen und einzuordnen. Sie werden das kennen: Ein Mensch, der mit gesenktem Blick und hängenden Schultern an Ihnen vorbeischlurft, hat eine ganz andere Wirkung auf Sie als eine Person, die aufrecht gehend und Sie direkt anlächelnd mit festem Schritt Ihren Weg kreuzt. Letztere wirkt selbstbewusster und wahrscheinlich auch sympathischer auf Sie.

Wie werden Sie nun zu so einer Person, die aufrecht, selbstbewusst und lächelnd durch ihr Leben schreitet? Sofern Sie dies nicht ohnehin schon sind. Nun, es gibt einige Aspekte, auf die Sie achten können, um Ihr Auftreten und Ihre Außenwirkung zu optimieren.

Kraftvolle Stimme

Die Art und Weise, <u>wie</u> jemand spricht, entscheidet schnell, ob wir ihm gebannt lauschen oder uns sehr konzentrieren müssen, um ihn zu verstehen. Nutzen Sie dies zu Ihrem Vorteil. Üben Sie sich darin, eine kraftvolle Stimme zu entwickeln. Das bedeutet:

- laut und deutlich zu sprechen
- ein gemäßigtes Sprachtempo zu finden: nicht zu schnell und nicht zu langsam
- Betonungen und bewusste Sprachpausen einsetzen, wenn Sie das Gesagte besonders hervorheben möchten

Trainieren Sie Ihre Stimme. Üben Sie zu Hause vor dem Spiegel, nehmen Sie sich selbst auf und hören sich zu oder bitten Sie einen Freund / Ihren Partner, Ihnen zuzuhören und Ihnen eine Rückmeldung zu Ihrem Stimmklang zu geben. Wenn Sie Ihre Stimme in besonderer Weise fördern wollen, können Sie auch regelmäßig singen, in einen Chor eintreten oder ein paar Stunden bei einem sogenannten Stimmtrainer buchen.

Gepflegtes Äußeres

Achten Sie stets auf ein gepflegtes Äußeres. Denn wie sagt man so schön: Der erste Eindruck zählt. Nur wenige Sekunden reichen, damit wir uns ein Bild von einer neuen Person machen. Das menschliche Gehirn funktioniert so, dass es neue Reize oder neue Menschen möglichst schnell in bekannte Strukturen einordnet. Das ist das sogenannte „Schubladen-Denken". Begegnet uns eine neue Person, stecken wir sie – je nach Mindset und Erfahrungs-schatz – in eine bestehende Schublade. Das geschieht ganz auto-matisch und ist auch so weit normal.

Nutzen Sie dieses Wissen für sich, indem Sie bewusst einen guten ersten Eindruck von sich vermitteln. Und der erste Eindruck be-zieht sich hauptsächlich auf das äußere Erscheinungsbild. Deshalb achten Sie darauf, gepflegt aufzutreten. Das bedeutet, zumindest sauber und ordentlich gekleidet zu sein. Darüber hinaus kann es bedeuten, seine persönlichen Vorzüge besonders herauszustellen, z.B. durch betonende Kleidung, Make-Up bei Frauen, einer schi-cken Frisur etc. Vielleicht können Sie feststellen, dass Ihr Erschei-nungsbild nicht nur Ihre Umwelt beeinflusst, sondern auch sich selbst. Wenn Sie auf ein gepflegtes Äußeres achten, nehmen Sie nämlich schließlich auch sich selbst als attraktiver wahr. Dies wie-derum wirkt auf Ihr Selbstbewusstsein zurück.

Sport und Freundschaften pflegen

Ein weiteres wesentliches Element, das Ihr Körpergefühl nachhaltig zum Positiven verändert, kennen Sie bereits: Sport. Indem Sie regelmäßig Sport treiben, verbessern Sie Ihr Körpergefühl und damit auch Ihr gesamtes Auftreten. Wichtig ist, dass Sie Möglichkeiten für sich finden, eine regelmäßige Sportroutine in Ihren Alltag einzubauen. Auch die Pflege von sozialen Kontakten hat erheblichen Einfluss auf unser Selbstwertgefühl. Es ist erwiesen, dass Menschen mit einem stabilen sozialen Netzwerk weniger unter Stress leiden und tendenziell sogar eine höhere Lebenserwartung haben. Freundschaften sind kraftgebende Orte, an denen Sie sich zeigen können, wie Sie sind. Freunde können uns stärken und ermutigen. Freunde können uns helfen, durch schwere Zeiten zu kommen. Mit Freunden fühlt man sich weniger allein. Investieren Sie einen Teil Ihrer Zeit also in die Pflege bestehender Freundschaften.

Es bietet sich natürlich auch an, beide stärkenden Elemente miteinander zu verbinden: Machen Sie einfach regelmäßig Sport mit Ihren Freunden. Oder schließen Sie sich einem Sportverein an und knüpfen Sie auf diese Weise neue Freundschaftskontakte.

Glück

Kennen Sie die Redewendung *„Jeder ist seines eigenen Glückes Schmied"*? Bedeutet das, dass jeder für sein eigenes Glück verantwortlich ist?

Betrachten wir Glück nicht oft als etwas, das mehr oder weniger zufällig in unser Leben tritt? *„Glück gehabt!"* sagen wir oft oder wünschen einer Person *„Viel Glück!"*.

Oben genannte Redewendung aber vermittelt ja den Eindruck, als könne sich jeder sein eigenes Glück schmieden. Haben wir also doch Einfluss auf das Glück in unserem Leben? Eine klare Antwort: Ja!

Die Empfindung von Glück oder Unglück ist ein Thema, dem sich die Wissenschaft bereits intensiv gewidmet hat.
Es gibt sogar einen eigenen Forschungszweig: Die sogenannte Glücksforschung. Diese definiert Glück zunächst erst mal als *„ein*

positives Wohlbefinden, das für jeden etwas anderes bedeuten kann." [3]

Glück kennzeichnet sich weiterhin durch das häufige Auftreten positiver Gefühle bei gleichzeitig geringem Vorkommen negativer Emotionen. Weiterhin konnte ermittelt werden, dass positive Ereignisse und Entwicklungen, die wir schließlich als „Glück" wahrnehmen, in unserem Gehirn dazu führen, dass vermehrt Dopamin ausgeschüttet wird. Dadurch fühlen wir uns automatisch euphorisch und steigern unsere Aufmerksamkeit.

Rein psychologisch geschieht dies, damit wir lernen, was uns guttut und dies gegebenenfalls wiederholen. Zu viele Glücksgefühle bekommen uns allerdings auch nicht.

So konnte in Versuchen mit Ratten nachgewiesen werden, dass die permanente Ausschüttung von Glücksgefühlen die Ratten in eine Art Rauschzustand versetzt. So schön das auf den ersten Blick klingt, es hatte auch zur Folge, dass die Tiere vor lauter Suche nach dem Glücksrausch versäumten, sich um ihre Grundbedürfnisse wie Essen, Trinken und Schlafen zu kümmern. Damit uns Menschen nicht das gleiche Schicksal ereilt, ist es also durchaus gesund, Glück in kleinen, regelmäßigen Dosen zu genießen.

Aber wie kommen Sie denn nun zu Ihrem Glück? Gibt es eine Art Patentrezept, sich sein eigenes Glück zu schmieden? Nun, Sie

---

[3]http://www.br.de/wissen/glueck-gluecksforschung-gerhin-100.html

können auf jeden Fall bewusst an Ihrem Fokus arbeiten und diesen darauf ausrichten, Glück in Ihr Leben zu ziehen. Nachfolgend erfahren Sie, wie Sie dies am besten tun können.

OPTIMISMUS UND POSITIVITÄT

Der Schlüssel zu Ihrem Glück ist eine optimistische und positive Lebenseinstellung. Denn wer über eine positive Art zu denken verfügt, neigt automatisch dazu, seinen Fokus auf das Gute zu richten.

Und wer seinen Fokus auf das Gute richtet, der kann glückliche Momente und Begegnungen eher sehen und auch annehmen.
Dies ist nämlich eine wesentliche Voraussetzung für das Erleben von Glück: Man muss mit sich selbst und der Welt so weit im Reinen sein, dass man auch bereit ist, das Glück anzuziehen und anzunehmen. Vielleicht kennen Sie den Spruch *„Da steht jemand seinem eigenen Glück im Wege."* Das beschreibt dieses Phänomen ganz gut. Denn oft ist das Glück bereits in greifbarerer Nähe, aber jemand kann es einfach nicht wahrnehmen.

Erinnern Sie sich an die *Mindset-Brille* zu Beginn dieses Ratgebers? Jeder Mensch hat seine individuelle Perspektive auf die Welt, wissen Sie noch? Diese ist ausschlaggebend dafür, auf welche Reize, Ereignisse und Möglichkeiten wir unseren Fokus richten. Eine optimistische und positive Haltung erleichtert es demnach, das große und kleine Glück in Ihrem Leben sehen, annehmen und erleben zu können. Ist die Mindset-Brille eher negativ eingefärbt, werden viele große und kleine Glücksmomente vermutlich schlichtweg übersehen.

Gesundheitliche Vorteile

Die Entwicklung eines positiv ausgerichteten Mindsets macht nicht nur Sinn mit Blick auf Ihren privaten und beruflichen Erfolg. Mit einer optimistischen Lebenseinstellung investieren Sie gleichzeitig in Ihre Gesundheit und können dadurch sogar Einfluss auf Ihre Lebensverlängerung nehmen. Es konnte mehrfach nachgewiesen werden, dass Optimismus u.a. positiven Einfluss auf den Blutdruck, den Blutzuckerspiegel und die Wahrscheinlichkeit einer Herz-Kreislauf-Erkrankung hat.

Der Zusammenhang zwischen Körper, Geist und Seele ist nicht neu. Die Psychosomatik zum Beispiel ist eine eigene medizinische Ausrichtung. Sie hat sich zum Thema gemacht, Krankheiten in Zusammenhang mit psychischen Phänomenen zu begreifen und daraufhin zu untersuchen.

Wir wissen heute, dass Stress zum Beispiel wesentlichen Einfluss auf die Entstehung und Anfälligkeit für verschiedene Krankheiten hat. Dies lässt sich unter anderem dadurch erklären, dass unser Körper vermehrt Cortisol ausschüttet, wenn er unter Stress steht. Cortisol ist ein Stresshormon, das hemmenden Einfluss auf das Immunsystem hat. Wenn Sie es schaffen, sich eine fundierte positive Lebenseinstellung anzueignen, machen Sie sich also gleichzeitig weniger angreifbar für Stress und andere Negativfaktoren. Damit halten Sie auch den Hormonspiegel Ihres Körpers im Gleichgewicht. Und der dankt Ihnen dies in Form von Gesundheit und Vitalität.

Positive Gedanken umsetzen

Bis hierhin haben Sie bereits viele Hinweise und Anregungen erhalten, mit denen Sie Ihr Selbstbewusstsein steigern und Glücksgefühle anregen können. So können Sie Sport, Spaß und Ernährung bewusst einsetzen, um die Ausschüttung von Glücksgefühlen zu aktivieren. Gleiches gilt für die Pflege sozialer Beziehungen. Sie wissen, dass Sie sich selbst ein gutes Gefühl geben können, indem Sie Ihr Selbstbewusstsein stärken. Zum Beispiel, indem Sie lernen, sich auf Ihre Stärken und positiven Aspekte zu konzentrieren. Zudem bewirkt ein *sich-seiner-selbst-bewusstes* Auftreten auch eine Steigerung Ihrer positiven Selbstwahrnehmung. Zusammengefasst könnte man also sagen: Wer positiv denkt, handelt positiv. Wer sich selbstbewusst fühlt, präsentiert sich der Welt auf diese Weise.

Die Entwicklung einer dauerhaft positiven Perspektive ist ein Prozess. Je mehr Sie sich damit beschäftigen, desto mehr werden Sie feststellen, wie sich Ihre Art zu denken auch zunehmend in Ihrer Außenwelt bemerkbar macht. Ein optimistisch ausgerichtetes Mindset hat die Macht, unser gesamtes Leben umzugestalten. Um sich klarzumachen, warum Ihre Gedanken so machtvoll für die Beschaffenheit Ihres gesamten Lebens sind, müssen Sie Folgendes verstehen: Sie strahlen all Ihre Gedanken über sich und die Welt in Ihre Umwelt aus. Sie sind sich dessen nicht bewusst. Aber es geschieht. Permanent. Und Ihre Umwelt reagiert darauf.

Gesetz der Anziehung und positiven Energie

Haben Sie schon einmal vom Gesetz der Anziehung gehört? *„Wie innen, so außen."* ist der wesentliche Grundgedanke dahinter. Es bedeutet, dass die Gedanken und Gefühle, die wir in uns tragen, maßgeblichen Einfluss auf das haben, was sich in unserem Leben zeigt.

Sie können dieses Wissen nutzen, um Ihren Fokus bewusst auf das Positive auszurichten. Denn wenn Sie das tun, nehmen Sie Ihr Leben nicht nur positiver wahr. Sie sind automatisch offener für all die schönen Dinge und Momente, können die Chancen und Möglichkeiten in Ihrem Leben besser wahrnehmen und nutzen. Zudem strahlen Sie Ihre Positivität auch auf Ihre Umwelt aus und erhalten dementsprechend Resonanz. Denken Sie daran, welche Wirkung Körperhaltung und Auftreten auf unbekannte Menschen haben. Wenn Sie mit einem aufrechten Gang, einer offenen Art und einem direkten Lächeln im Gesicht durch die Welt laufen, werden Sie völlig andere Reaktionen aus Ihrem Umfeld erhalten als jemand, der in sich zusammengesunken und ausweichend auftritt. All Ihre inneren Gedanken, Gefühle, Wünsche und Befürchtungen strahlen Sie mehr oder weniger auf Ihr Umfeld aus. Und Ihr Umfeld reagiert auf diese „Schwingungen", indem es Ihnen diese genauso zurückspiegelt.

Wer Gutes in sich trägt, dem geschieht Gutes. Wer negativ ist, zieht Negatives an. Das ist die Formel. Wenn Sie Ihr Mindset dauerhaft in Richtung Glück, Erfolg und Zufriedenheit ausrichten wollen, sollten Sie sich deshalb eine grundlegende positive Perspektive aneignen.

NEGATIVITÄT

In gleichem Maße, wie sich ein positives Mindset darauf auswirkt, dass wir Glück und Erfolg in unser Leben ziehen, hat ein negatives Mindset den gegenteiligen Effekt. Wenn wir in unserem Leben Negativität ausgesetzt sind, kann das leider schnell in eine Art Abwärtsspirale führen. Mit einer pessimistischen Weltsicht fallen uns vermehrt die negativen Aspekte und schlechten Entwicklungen auf. Sowohl uns selbst als auch andere betreffend. Wir verfügen dann weder über ein besonders positives Bild von uns selbst, noch sind wir empfänglich für positive Erlebnisse. Dadurch fühlen wir uns dann wiederum in unserer negativen Weltsicht bestätigt. Aus dieser Schleife auszusteigen, ist dann gar nicht so leicht und bedarf einer bewussten Neuausrichtung unserer Perspektive.

Wie Sie Negativität herunterzieht

Wenn eine Person zum Beispiel eine eher negativ geprägte Denkweise an den Tag legt, ist die Wahrnehmung ihres Alltags dadurch geprägt. Diese Person blickt durch ihre negativ gefärbte Brille und nimmt Geschehnisse außerhalb dieses Negativfokus womöglich gar nicht wahr. Ich bin mir sicher, dass Sie das kennen werden. Es gibt diese Tage, an denen man bereits schlecht gelaunt aufwacht und im Laufe des Tages stetig in seiner getrübten Weltsicht bestätigt wird: Es regnet, man verpasst den Bus, der Kollege hat wieder unfreundlich gegrüßt und das Kantinenessen war auch schlecht.

Kennen Sie? Nun, halten Sie es für möglich, dass an diesem Tag auch viele positive Dinge passiert sind, die Ihnen aufgrund Ihrer Haltung aber gar nicht aufgefallen sind?

So haben Sie vielleicht nicht mitbekommen, dass Sie an der Bushaltestelle angelächelt wurden oder Ihnen Ihr Lieblingsplatz in der Kantine freigehalten wurde.

Mit dem Aufsetzen einer Negativ-Brille am Morgen sorgen wir manchmal selbst dafür, dass sich auch der weitere Tagesablauf als fürchterlich darstellt. Womöglich hätte man die Ereignisse des Tages anders wahrgenommen, wenn man ausgeschlafen und von der Sonne geweckt worden wäre. Was meinen Sie?

Manchmal sind es aber auch gar nicht wir selbst, die sich die Negativ-Brille aufgesetzt haben. Auch Menschen aus unserem Umfeld können eine negative Perspektive an den Tag legen und uns dadurch beeinflussen. Zum Beispiel, indem sie jammern oder uns mit negativen Nachrichten versorgen. Es kann auch sein, dass wir Menschen in unserem Umfeld haben, die uns bewusst angreifen oder kritisieren. Personen, die sich durch eine pessimistische Weltsicht kennzeichnen, betrachten auch ihr Umfeld auf diese Weise. Dies kann dann an ihrem Verhalten uns gegenüber deutlich werden. Wenn Sie also negative Menschen in Ihrem Umfeld haben, passen Sie gut auf sich auf. Es ist nämlich gar nicht so einfach, eine positive Perspektive an den Tag zu legen, wenn Sie mit der Negativität anderer Personen konfrontiert sind.

Umgang mit Kritik

Wenn Sie in Ihrem Leben mit Kritik von außen konfrontiert werden, sollten Sie sich deshalb in einem ersten Schritt bewusst machen: Nicht jede Kritik ist gerecht–fertigt und manchmal stammt ein kritisches Wort auch <u>nur</u> aus der kritischen Perspektive einer anderen Person. Machen Sie sich regelmäßig klar, dass Kritik an Ihrer Person immer auch eine Aussage über die Weltsicht des Kritikers preisgibt.

Nehmen wir an, Sie haben einen sehr kritischen Chef, der besonders unbarmherzig mit Ihnen umgeht. Dann sollten Sie sich in einem ersten Schritt bewusst machen, dass dieser Chef vermutlich auch sich selbst und seine Welt aus einer sehr kritischen Perspektive betrachtet. Dieses Wissen kann Ihnen helfen, Ihre grundsätzlich positive Einstellung beizubehalten. Gleichzeitig sorgen Sie dafür, dass kritische Worte nicht die Macht bekommen, Sie in Ihrem Glauben an sich selbst zu erschüttern. Wir neigen dazu, Kritik sehr persönlich zu nehmen und uns in unserer gesamten Person infrage gestellt zu fühlen.

Sie können jedoch lernen, Kritik umzudeuten. Denn unabhängig von der Perspektive der kritisierenden Person birgt jede Kritik auch immer Potenzial, über sich selbst zu lernen. Versuchen Sie deshalb mal Folgendes: Begreifen Sie kritische Äußerungen als Spiegel Ihrer Selbst und lernen Sie daraus. Gemäß dem Gesetz der Anziehung hat ein Teil in Ihnen dafür gesorgt, im Außen eine bestimmte Kritik gespiegelt zu bekommen. Zum Beispiel *„Du* *arbeitest viel zu langsam. Du musst deinen Arbeitsprozess verbessern!"* Vielleicht denkt ein Teil von Ihnen das auch. Oder Sie haben unbewusst dazu beigetragen, dieses Thema von Ihrem Chef gespiegelt zu bekommen.

Nutzen Sie jede Kritik deshalb auch dazu, um für sich zu überprüfen, ob etwas Wahres darin steckt. Und wenn ja, was Sie tun können, um dieses Thema zu lösen. In diesem Fall könnten Sie zum Beispiel darauf aufmerksam werden, dass Ihr Arbeitsprozess flüssiger laufen könnte. Sie könnten sich dann Strategien überlegen, wie Sie mehr Effizienz erreichen können.

Wenn man es so betrachtet, ist Kritik also nichts Schlimmes, sondern bietet vielmehr Potenzial, sich selbst zu verbessern und weiterzuentwickeln.

HILFREICHE TIPPS FÜR POSITIVE GEDANKEN

Spätestens jetzt kennen Sie also alle guten Gründe, die dafür sprechen, eine positive Weltsicht an den Tag zu legen. Um diese zunehmend zu entwickeln und Ihr Leben langfristig in Richtung Glück, Zufriedenheit und Erfolg auszurichten, achten Sie auf folgende Aspekte:

- **Lernen Sie, sich Ihre Gedanken bewusst zu machen:** Um Ihren Fokus dauerhaft positiv auszurichten, müssen Sie sich zunächst über Ihre laufenden Denkmuster bewusst werden. Versuchen Sie, ein Gefühl dafür zu bekommen, auf welche Art Sie die Welt betrachten. Sollten Sie auf negative Denkmuster aufmerksam werden, können Sie diese dann bewusst aushebeln. Hilfreiche Methoden, um sich seine Gedanken bewusst zu machen, sind zum Beispiel Achtsamkeitsübungen, Meditation oder Yoga.

- **Bringen Sie sich gezielt in eine positive Grundstimmung:** Nutzen Sie dafür das bisher erworbene Wissen. Arbeiten Sie an Ihrem Selbstwertgefühl, treiben Sie regelmäßig Sport, ernähren Sie sich bewusst, pflegen Sie Ihre sozialen Kontakte, haben Sie Spaß.

- **Verschieben Sie Ihren Fokus gezielt auf das Positive:**
Gewöhnen Sie sich an, sich auf die positiven Aspekte Ihres Lebens zu konzentrieren. Sie können dies problemlos trainieren. Nutzen Sie dafür zum Beispiel regelmäßig positive Affirmationen. Führen Sie ein Positivtagebuch, in dem Sie jeden Abend ausschließlich positive Erlebnisse des Tages festhalten. Machen Sie sich Ihre Stärken und Erfolge bewusst und notieren Sie diese.

- **Distanzieren Sie sich vom Einfluss negativer Menschen:**
Wenn Sie können, distanzieren Sie sich bestmöglich von negativen Menschen. Entweder räumlich oder zumindest mental. Lassen Sie nicht zu, dass andere Menschen Sie oder Ihre positive Lebenshaltung infrage stellen.

- **Seien Sie sich selbst ein guter Freund:**
Versuchen Sie, sich selbst zu behandeln wie einen guten Freund. Reden Sie sich gut zu, anstatt sich herunterzumachen. Schenken Sie sich mal was Schönes. Gönnen Sie sich was. Haben Sie Geduld mit sich. Seien Sie einfach lieb zu sich selbst.

Selbstdisziplin

DAS SELBST

Den Begriff des *Selbst* haben wir im Rahmen dieses Ratgebers schon mehrfach verwendet. Mit dem *Selbstbewusstsein* zum Beispiel wurde die Fähigkeit beschrieben, sich seines eigenen *Selbst bewusst zu sein*. Erinnern Sie sich? Sie wussten beim Lesen intuitiv, was damit gemeint war, oder?

Was meint die Psychologie aber genau, wenn vom „Selbst" die Rede ist? Wie würden Sie Ihr „Selbst" definieren? An dieser Stelle wird es Zeit, sich den Begriff des „Selbst" genauer anzuschauen. Dem Online Lexikon für Psychologie und Pädagogik kann man hierzu entnehmen:

„Das Selbst ist für die Psychologie ein zentraler Begriff bei der Auseinandersetzung mit der menschlichen Psyche, da das Selbst

die Gesamtheit aller bewussten und unbewussten Aspekte der Persönlichkeit umfasst und im Allgemeinen eine Harmonisierung zwischen ihnen anstrebt."[4]

Unter dem Selbst verstehen wir also die Zusammenfassung all unserer Aspekte und Anteile. Unser Selbst ist das, was wir als unser „Ich" begreifen: Was uns ausmacht, was wir mögen, welche Bedürfnisse wir haben, wie wir geprägt wurden und so weiter.

Falls Sie gerade darüber gestolpert sind, dass Ihr Selbst aus verschiedenen Anteilen bestehen soll – ja, ganz recht. Die Psychologie geht davon aus, dass jeder Mensch – jedes Selbst – sich aus verschiedenen Persönlichkeitsanteilen zusammensetzt. Sie brauchen keine Sorge zu haben. Das ist kein Hinweis für eine psychische Auffälligkeit. Vielmehr ist es das Ergebnis eines völlig normalen Entwicklungsprozesses.

Im Laufe unseres Lebens und Aufwachsens sind wir mit den unterschiedlichsten Bezugspersonen und Kontexten konfrontiert. Je nach Bedeutung für unsere Lebenssituation prägen uns diese mehr oder weniger stark. Unser Selbst – also das, was wir schließlich als unser „Ich" verstehen – entwickelt sich durch den Austausch und die Rückmeldungen in all diesen Interaktionen und Situationen, die wir erleben und erlebt haben. Das Selbst spiegelt wider, wer

---

[4]Stangl, W. (2020). Stichwort: *'Selbst'*. Online Lexikon für Psychologie und Pädagogik.
WWW: https://lexikon.stangl.eu/5531/selbst/ (2020-11-23)

wir gelernt haben, zu sein. Um es konkreter auszudrücken:
Ein Kind wird maßgeblich durch seine Kernfamilie geprägt. Dazu
zählen Mutter, Vater, eventuell Geschwister, Großeltern. Darüber
hinaus ist ein Kind eingebunden in ein weites soziales Netz, beste-
hend aus Freunden, Erziehern, Lehrern, anderen Eltern, Trainern
und so weiter.

Mit jedem dieser Personen hat das Kind eine spezifische Beziehung. Im Prozess seines Aufwachsens lernt es durch Kommunikation und Rückmeldungen seiner Umwelt:

- wer es ist und wie es gesehen wird
- wie die Welt ist
- wie Beziehungen funktionieren und ausgestaltet werden

Abhängig davon, wie seine Bezugspersonen sich selbst und die
Welt begreifen, vermitteln sie dem Kind eine spezifische Prägung.
Das Kind könnte zum Beispiel mit einer liebevollen, ihm zuge-
wandten Mutter aufwachsen. Aus der Interaktion mit ihr wird es
dann tendenziell eher ein positives Selbstbild ableiten. Es könnte
aber auch sein, dass das Kind sich regelmäßig bei seinen an-
spruchsvollen Großeltern aufhält. Diese vermitteln ihm vielleicht
eher das Gefühl, fehlerhaft zu sein, weil sie schwer zufriedenzu-
stellen sind. Das Kind baut nun im Laufe seines Lebens aus all
diesen Erfahrungen und Rückmeldungen zu seiner Person ein Bild
davon auf, wer es ist. Das Selbst entsteht.
In diesem Selbst sind schließlich all die verschiedenen Erfahrungen mit seiner Umwelt abgebildet. Es entstehen verschiedene

innere Anteile. So kann es zu Folgendem kommen: Da gibt es vielleicht einen inneren Anteil, der mutig ist und sich große Ziele setzt. Zeitgleich kann ein Anteil existieren, der all die Ziele kritisiert und schlechtredet.

Kennen Sie so etwas? Das Existieren verschiedener, sich widersprechender innerer Anteile ist meistens die Ursache für innere Konflikte, Lern- und Motivationsblockaden. Das Problematische daran ist, dass wir uns meist nicht darüber im Klaren sind, welche Anteile da in uns sind und was für Ziele und Motive sie eventuell verfolgen.

Normalerweise bekommen wir davon jedoch auch gar nicht viel mit. Denn das ist es schließlich, was unser Selbst ausmacht – es bringt all die verschiedenen Anteile in Einklang und definiert damit unsere Persönlichkeit.

DIE DISZIPLIN

Der Begriff „Disziplin" stammt aus dem Lateinischen („disciplina") und bedeutet übersetzt so viel wie „Lehre, Zucht, (systemische) Ordnung". Die Enzyklopädie der Wertvorstellungen definiert Disziplin dementsprechend als:

„a) das Einhalten von bestimmten Vorschriften, vorgeschriebenen Verhaltensregeln o.Ä.; das Sicheinfügen in die Ordnung einer Gruppe, einer Gemeinschaft

b) das Beherrschen des eigenen Willens, der eigenen Gefühle und Neigungen, um etwas zu erreichen"[5]

Im Kontext dieses Ratgebers ist insbesondere die zweite Definition von Bedeutung. Disziplin beschreibt also die Fähigkeit, seinen Willen, Gefühle und Neigungen so weit zu beherrschen, dass man es schafft, ein bestimmtes Ziel zu erreichen. Disziplin ist demnach eine essenzielle Eigenschaft für die Umsetzung unserer Vorhaben. Es bedeutet, dass man all seine Energie darauf ausrichtet, etwas in seinem Leben zu haben und sich dabei nicht ablenken lässt – weder von äußeren noch von inneren Faktoren.

---

[5] Enzyklopädie der Wertvorstellungen: http://www.werte-systeme.de/disziplin/

WIESO BRAUCHEN WIR SELBSTDISZIPLIN

Selbstdisziplin – also die *Disziplin unseres Selbst* – ist ein wesentliches Element zum Erreichen unserer Ziele. Ohne das notwendige Maß an Disziplin ist es nicht möglich, alte Muster abzulegen oder etwas Neues zu lernen. Auf dem Weg zu Ihrem unbegrenzten Mindset benötigen Sie daher ausreichend Selbstdisziplin.

Menschen sind Gewohnheitstiere. Diesen Satz kennen Sie sicher, oder? Aus der Lernforschung weiß man, dass Dinge mehrfach wiederholt werden müssen, damit ein Mensch sie verinnerlichen kann. Noch etwas komplizierter wird es, wenn wir ein altes Muster „überschreiben" wollen. Es bedarf vieler, regelmäßiger Wiederholungen, bis wir uns eine neue Routine angeeignet haben.

Zum Beispiel könnten Sie sich zum Ziel setzen, eine Sport-Routine in Ihren Alltag zu integrieren. Nehmen wir an, Sie wollen drei Mal die Woche für 30 Minuten joggen. Dann werden Sie einige Wochen – vielleicht auch Monate – dafür benötigen, die Routine so weit in Ihren Alltag eingebaut zu haben, dass Sie sie als selbstverständlich wahrnehmen und leben. Wie viele dieser regelmäßigen Wiederholungen Sie bis dahin durchgeführt haben müssen, lässt sich pauschal nicht sagen. Die Fähigkeit, sich eine neue Routine oder Sichtweise anzueignen, hängt stark von der jeweiligen Person ab.

Ob es nun das Entwickeln neuer Routinen ist oder das Erlernen neuer Fähigkeiten (wie zum Beispiel einer Fremdsprache) – es geht nicht ohne Selbstdisziplin. Wir können Selbstdisziplin begreifen als eine Art „Selbststeuerungskompetenz", die dafür verantwortlich ist, all die verschiedenen inneren Anteile daraufhin auszurichten, das gesetzte Ziel zu erreichen. In diesem Zusammenhang lässt sich auch folgende Redewendung verstehen: *„Den inneren Schweinehund überwinden."*

Der *innere Schweinehund* kann als ein Anteil in Ihnen begriffen werden, der kein Interesse an großer Anstrengung hat. Er ist am Werk, wenn Sie morgens aus dem Fenster gucken, sehen, dass es regnet und sich sagen *„Och, joggen, kann ich sonst ja auch morgen machen. Oder übermorgen."*

Dieses Phänomen kennen Sie bestimmt, oder? Wir alle tragen einen mehr oder weniger großen *inneren Schweinehund* in uns. Die entscheidende Frage ist nur, ob wir ihm nachgeben beziehungsweise was wir ihm entgegenhalten können. Und dabei hilft uns Selbstdisziplin.

WAS VERÄNDERN WIR MIT SELBSTDISZIPLIN

Es ist wissenschaftlich erwiesen, dass lebenszufriedene Menschen sich vor allem durch zwei Eigenschaften kennzeichnen: Intelligenz und Disziplin. Weiterhin hat eine ausgeprägte Selbstdisziplin positive Auswirkungen auf die Gesundheit, den Wohlstand und den Erfolg eines Menschen. Das macht Sinn. Denn wir benötigen Selbstdisziplin, um unsere Weiterentwicklung voranzubringen und alte Muster zu durchbrechen.

Ziele zu haben und Visionen zu entwickeln, ist das eine. Wenn wir jedoch nicht ins Handeln kommen oder es uns nicht gelingt, den *inneren Schweinehund* in Schach zu halten, bleiben sie eben auch nur das: Ziele und Visionen. Unverwirklichte Träume und Luftschlösser. Vermutlich begleitet vom faden Beigeschmack, gescheitert zu sein.

Um unser Leben aktiv aus- und umzugestalten, müssen wir imstande sein, unser „Selbst zu disziplinieren". Intelligenz ist gut. Talent ist prima. Beides allein wird aber nicht dazu führen, dass Sie Ihr Ziel erreichen. Solange nicht genügend Ausdauer dahintersteckt, beharrlich auf ein Ziel hinzuarbeiten, ist es egal, wie begabt Sie vielleicht sein mögen. Wirklich entscheidend ist, dass Sie beginnen zu handeln und sich aktiv auf Ihre Ziele hinbewegen. Dafür ist vor allem der Einsatz von Kraft und Energie nötig, um konstant „am Ball zu bleiben". Selbstdisziplin ist demnach einer der Dreh-

und Angelpunkte für die Erschaffung Ihres erfolgreichen, glückli-
chen und erfüllenden Lebens.

IDENTIFIZIEREN SIE IHR „WARUM"

Um langfristig die notwendige Energie aufzubringen, die Sie für ein neues Vorhaben benötigen, brauchen Sie einen Plan. Wesentlicher Bestandteil dieses Plans sind gute Argumente. Diese können Sie dann Ihrem *inneren Schweinehund* oder anderen kritischen Anteilen entgegenhalten, wenn Sie einen Disziplin-Tiefpunkt haben. Denn machen wir uns nichts vor. Disziplin-Tiefpunkte gehören dazu. Wenn Sie das wissen, können Sie bereits im Vorfeld eine Strategie entwickeln, um damit umzugehen.

Neben einer klaren Zielvorstellung vom dem, was Sie erreichen wollen, ist es dabei überaus hilfreich, wenn Sie sich Ihr persönliches „Warum" bewusst machen. Jedem Ziel liegt mindestens ein tiefes inneres Bedürfnis oder Motiv zugrunde. Machen Sie sich dieses bewusst. Und halten Sie es sich regelmäßig vor Augen. Stellen Sie sich in den schillerndsten Farben vor, wie Ihr Leben sein wird, wenn Sie Ihr Ziel endlich erreicht haben. Wie werden Sie sein? Wie werden Sie sich fühlen? Wie werden Sie aussehen? Wer wird bei Ihnen sein? Träumen Sie sich ruhig richtig in diese Vision von sich selbst hinein. Dies gibt Ihrer Selbstdisziplin einen neuen Boost, dieses Ziel erreichen zu wollen.

Falls Sie Ihr tiefstes inneres „Warum" noch gar nicht so präsent haben, können Sie sich an folgenden Fragen orientieren, um es zu ermitteln:

- Warum ist diese besondere Fähigkeit oder Eigenschaft so wichtig für mich?

- Will ich das Ziel in erster Linie für mich oder für jemanden anders erreichen?

- Was verspreche ich mir vom Erreichen meines Vorhabens?

- Welche Veränderungen werden dadurch in meinem Leben eintreten?

- Inwieweit wird sich mein Leben verbessern, wenn ich mein Vorhaben erreicht habe?

FÜNF WICHTIGE FAKTOREN

Bei der Entwicklung und Aufrechterhaltung von Selbstdisziplin spielen folgende Faktoren eine bedeutende Rolle.

Ablenkung

Der größte Feind auf dem Weg zur Erreichung unserer Ziele ist Ablenkung. Es gibt viele verschiedene Möglichkeiten, mit denen Sie sich – bewusst oder unbewusst – vom Erreichen Ihrer Ziele ablenken können. Da sind zum einen die vielen, vermeintlich kleinen Zeitfresser in unserem Alltag, mit denen wir uns wunderbar ablenken können: Handy, Fernsehen, Internet, Facebook, Instagram, YouTube. In unserem modernen, technisch durchstrukturierten Alltag ist es eine Herausforderung geworden, nicht ständig erreichbar oder up-to-date zu sein.

Vielleicht kennen Sie das: Sie haben sich ein Tagesziel gesetzt, zum Beispiel einen fünfseitigen Text zu verfassen. Vorher wollen Sie mal kurz bei Facebook gucken, was es Neues gibt. Und dann schickt die Freundin eine Sprachnachricht, auf die Sie kurz antworten müssen. Nochmal schnell online die News lesen. Und plötzlich ist eine Stunde vergangen. Und Sie haben noch nicht ein Wort geschrieben. Ärgerlich.

Es ist wichtig, sich bewusst zu machen, auf wie viele Ablenkungsquellen wir in unserem Alltag automatisch zugreifen. Wenn Sie sich nun ein bestimmtes Ziel gesetzt haben, macht es Sinn, sich für einen festen Zeitraum von diesen Ablenkungsquellen abzuschneiden. Zum Beispiel, indem man das Handy einfach ausschaltet. Viele Menschen gönnen sich heutzutage auch bewusstes „*Social Media Detox*" – also Phasen, in denen sie ihre Social-Media-Kanäle nicht nutzen.

Neben den genannten Alltags-Zeitfressern gibt es eine Vielzahl weiterer Ablenkungsmanöver. Grundsätzlich gibt es in etwa so viele Möglichkeiten, sich abzulenken, wie es auch zu erreichende Ziele gibt. Vielleicht kennen Sie auch das Phänomen „Oh, ich muss erst mal meine Wohnung putzen, bevor ich anfangen kann zu arbeiten." Und zack, ist der halbe Arbeitstag vorbei. Oder es muss erst noch dem Freund geholfen werden, das Auto gewaschen werden, die Haare geschnitten werden und so weiter und so fort. Alles, was Ihnen in den Sinn kommt, wenn Sie eigentlich gerade vorhaben, in Richtung Ihres Zieles durchzustarten, ist ablenkendes Verhalten. Verantwortlich dafür ist irgendein innerer Anteil in Ihnen – im Zweifelsfall Ihr Schweinehund.

Gewohnheiten

Weiter oben wurde es bereits erwähnt: Menschen sind Gewohnheitstiere. Ist so. Für Sie heißt das: Wenn Sie etwas Neues lernen oder entwickeln wollen, machen Sie eine Gewohnheit daraus. Üben Sie sich und führen Sie die neue Gewohnheit regelmäßig aus. Egal, ob es das Lernen eines Instrumentes ist oder der Wunsch, positiver zu denken. Ob Sie eine Sportroutine entwickeln wollen oder Ihr Selbstbewusstsein stärken. Wichtig ist, dass Sie eine Gewohnheit daraus machen.

Schaffen Sie sich dafür am besten feste Zeiträume, die nur dem Erlernen der neuen Fähigkeit oder Routine gelten. Planen Sie diese fest in Ihren Alltag ein. Tragen Sie sie, wenn nötig, in Ihren Terminkalender ein. Wenn Sie zum Beispiel daran arbeiten wollen, positiver zu denken, planen Sie täglich ein festes Zeitfenster ein, um dies zu üben (zum Beispiel mithilfe eines Positiv-Tagebuchs oder Affirmationen). Wenn Sie regelmäßig Sport machen wollen, planen Sie dafür Zeitfenster in Ihrem Alltag ein. Erstellen Sie gegebenenfalls einen Wochenplan, in welchem Sie festlegen, wann Sie Sport machen werden.

Wenn Sie neue Gewohnheiten auf diese Weise in Ihren Alltag integrieren und regelmäßig einüben, werden sie Ihnen mit der Zeit in „Fleisch und Blut übergehen." Der *innere Schweinehund* wird sich dann automatisch nicht mehr so oft zu Wort melden, weil Sie die neue Fähigkeit oder Eigenschaft als gewohnte Routine für sich etabliert haben.

Motivation

Um zielstrebig und ausdauernd auf ein Ziel hinzuarbeiten, bedarf es außerdem einer ausgeprägten Motivation. Es wird Sie an dieser Stelle nicht überraschen: Ohne Motivation fehlt uns der Antrieb, den wir benötigen, um etwas Neues zu erlernen.
Motivation kann vielfältig ausgeprägt sein. Die Grundlage von

Motivation ist das Verfolgen bestimmter Motive. Also: Wir haben bestimmte Beweggründe, die uns zielgerichtet handeln lassen. Meist liegen dem Streben nach einem bestimmten Ziel mehrere Motive zugrunde.

Dabei können wir *extrinsische Motivationsfaktoren* und *intrinsische Motivationsfaktoren* unterscheiden. Extrinsische Motivation bezieht sich dabei auf äußere Faktoren. Intrinsische Motivationsfaktoren sind gleichzusetzen mit Ihren persönlichen und innersten Motiven, die dem Verfolgen eines Zieles zugrunde liegen. Nehmen wir an, Ihr Ziel ist es, beruflich sehr erfolgreich zu sein. Dann verbinden Sie damit vermutlich mehrere Motive:

Extrinsische Motive könnten sein, dass Sie sich durch Ihren Erfolg mehr gesellschaftliches Ansehen erhoffen oder auch, dass Sie sich dann bestimmte Statusobjekte leisten können (wie ein großes Haus oder ein schickes Auto).

Intrinsische Motive könnten sein, dass Sie Ihr Fachwissen in einem größeren Maße einbringen wollen; vielleicht haben Sie aber auch ein Bedürfnis, sich selbst etwas zu beweisen.

Wenn wir uns ein bestimmtes Ziel setzen, verfügen wir ohnehin über eine bestimmte Grundmotivation. Diese kann uns jedoch auf dem Weg zur Zielerreichung abhandenkommen oder abflachen. Es gibt einige Möglichkeiten, wie wir uns dann selbst motivieren können.

Diese werden im weiteren Verlauf des hier vorliegenden Ratgebers beschrieben.

Da die Themen „Motivation" und „Selbst-Motivation" für die Entwicklung eines erfolgreichen Mindsets überaus relevant sind, gilt das nachfolgende Kapitel einer detaillierten Darstellung.

Vorbereitung

Zum Aufrechterhalten von Selbstdisziplin bedarf es auch einer guten Vorbereitung. Die kennzeichnet sich zum einen dadurch, dass Sie sich Ihrer Ziele klar bewusst sind und einen realistischen Plan für deren Erreichbarkeit entwickeln. Weiterhin gehört es zu einer guten Vorbereitung, sich selbst einen kleinen Schritt voraus sein zu müssen, um auf alle Eventualitäten vorbereitet zu sein.

Eine gute Planung beinhaltet das Wissen darüber, dass es Schwankungen innerhalb der eigenen Zielverfolgung, Disziplin und Motivation geben wird. Berücksichtigen Sie also Ihre persönlichen Fallstricke und entwickeln Sie Strategien, mit diesen gut umgehen zu können. Dazu kann es zum Beispiel gehören, sich seine Ablenkungsfaktoren bewusst zu machen und diese auszumerzen. Es kann auch bedeuten, sich von Anfang an eine gute und aufgeräumte Arbeitsumgebung zu schaffen oder einen festen Plan zum Einüben von Routinen zu erstellen.

Willenskraft

Schlussendlich entscheidet natürlich die Willenskraft darüber, in welchem Maße wir unsere Selbstdisziplin aufrechterhalten können. Je stärker Ihr Bedürfnis ist, etwas erreichen zu wollen, desto mehr sind Sie bereit, die notwendigen Anstrengungen dafür in Kauf zu nehmen. Willenskraft ist eng verwandt mit Motivation. Beide unterscheiden sich jedoch wie folgt:

Während die Motivation ausschlaggebend ist für unsere Bereitschaft, etwas erreichen und tun zu *wollen*, ist die Willenskraft der Antrieb, der uns schließlich handeln und die „Dinge anpacken" lässt. Wie willensstark wir sind, ist zwar bereits in unseren Genen angelegt. Allerdings lässt sich Willenskraft auch wunderbar trainieren. Und zwar, indem Sie sich immer wieder kleinen oder großen Herausforderungen stellen und diese bewältigen. Es gibt vielfältige Möglichkeiten in Ihrem Alltag, Ihre Komfortzone zu verlassen und an sich selbst zu wachsen.

Zum Beispiel können Sie sich vornehmen, jeden Morgen kalt zu duschen. Oder fremden Personen ein Kompliment zu machen. Oder eine neue Sportart auszuprobieren. Oder irgendetwas anderes zu tun, das Sie im ersten Moment etwas Überwindung kostet. Mit jeder dieser Erfahrungen erfahren Sie, dass Sie ungewohnte Situationen bewältigen können. Dies stärkt Ihre Willenskraft.

SCHRITTE ZU MEHR SELBSTDISZIPLIN

Zusammenfassend lassen sich folgende Schritte festhalten, um Ihre Selbstdisziplin steigern zu können:

Setzen Sie sich klare Ziele

Machen Sie sich Ihre Ziele bewusst und formulieren Sie diese klar und realistisch. Bei großen Zielen brechen Sie diese hinunter auf kleine Teilziele. Schreiben Sie diese Ziele auf und platzieren Sie sie gut sichtbar: Am besten an Ihrem Arbeitsplatz; vielleicht haben Sie auch ein Board, auf welchem Sie Ihre Ziele festhalten können. Es ist wichtig, dass Sie sich im Alltag regelmäßig mit Ihren Zielen konfrontieren, um Ihre Selbstdisziplin aufrechtzuerhalten. Üben Sie dazu auch ruhig regelmäßig eine Visualisierung Ihres Zielzustandes ein: Wie wird Ihr Leben sein, wenn Sie Ihre Ziele erreicht haben? Wie werden Sie sich fühlen?

Indem Sie sich regelmäßig in diesen Zustand versetzen, schaffen Sie sich einen neuen Antrieb. Auf diese Weise wird es Ihnen leichter fallen, dem *inneren Schweinehund* zu widersprechen und weiter auf die Verwirklichung Ihrer Ziele hinzuarbeiten.

Machen Sie sich Ihre Motivationsfaktoren bewusst

Einen ähnlichen Effekt hat es auch, wenn Sie sich Ihre Motivationsfaktoren bewusst machen und sich diese regelmäßig vergegenwärtigen. Hier nochmal die Fragen, um sein persönliches „Warum" herauszuarbeiten:

- Warum ist diese besondere Fähigkeit oder Eigenschaft so wichtig für mich?
- Will ich das Ziel in erster Linie für mich oder für jemanden anders erreichen?
- Was verspreche ich mir vom Erreichen meines Vorhabens?
- Welche Veränderungen werden dadurch in meinem Leben eintreten?
- Inwieweit wird sich mein Leben verbessern, wenn ich mein Vorhaben erreicht habe?

Schreiben Sie auch diese Antworten auf und visualisieren Sie regelmäßig Ihren zukünftigen Ist-Zustand. Die dadurch entstehende Aufrechterhaltung Ihrer Motivation wirkt sich direkt auf die Aufrechterhaltung Ihrer Selbstdisziplin aus.

Schalten Sie Ablenkungsfaktoren aus

Werden Sie sich Ihrer persönlichen Ablenkungsfaktoren bewusst und schalten Sie diese aus. Schaffen Sie sich feste Räume, in denen Sie sich der Erarbeitung Ihrer Ziele widmen.
Wenn nicht unbedingt notwendig, deaktivieren Sie in diesen Zeiten die klassischen Ablenkungsquellen wie Handy, Internet, Telefon. Es kann zum Beispiel auch eine Strategie sein, sich selbst bestimmte Internetseiten (wie z.B. Facebook) zu blockieren.

Werden Sie sich darüber hinaus über mögliche Ablenkungsquellen bewusst und geben Sie auch diesen möglichst nicht nach. Werden Sie aufmerksam dafür, was Ihnen in den Sinn kommt, wenn Sie eigentlich gerade vorhaben, an Ihrer Zielverwirklichung zu arbeiten. Nehmen Sie dies wahr und schaffen sich einen alternativen Raum dafür. Sagen Sie zum Beispiel „Ja, stimmt, ich müsste unbedingt wieder saugen. Jetzt arbeite ich jedoch erst mal meine geplanten drei Stunden. Danach plane ich eine halbe Stunde zum Saugen ein."

Arbeiten Sie an Ihrer Willenskraft

Schaffen Sie sich kleine Herausforderungen, an denen Sie wachsen können. Steigern Sie auf diese Weise den Glauben an sich selbst. Navigieren Sie Ihren Fokus auf diese Weise bereits in Richtung Erfolgskurs.

Erstellen Sie sich zum Beispiel eine Liste von Dingen, die Sie gerne tun würden, aber die für Sie zunächst mit etwas Überwindung verbunden sind. Sie können sich dann kleine Challenges schaffen, zum Beispiel Tages- oder Wochen-Challenges. Beispiele können sein:

Diese Woche möchte ich …

- einen unbekannten Mann anlächeln.
- einer unbekannten Frau ein Kompliment machen.
- jeden Morgen meditieren.
- auffällig gekleidet vor die Tür gehen.
- zu diesem neuen Tanzkurs gehen.
- eine Bitte abschlagen.

Finden Sie Verbündete und Vorbilder

Ein wahres Geheimrezept für die Steigerung Ihrer Selbstdisziplin ist es, wenn es in Ihrem Leben Menschen mit gleichen oder ähnlichen Zielen gibt.

Wenn Sie zum Beispiel abnehmen wollen, fällt dies ungemein leichter, sobald Sie Verbündete haben. Sie können sich dann gemeinsam zum Sport motivieren, über Ernährung austauschen und sich bei Tiefpunkten gegenseitig motivieren. Geteiltes Leid ist halbes Leid, heißt es doch so schön. Oder geteilte Freude ist doppelte Freude. Ähnlich motivierend kann es auch sein, wenn Sie ein Vorbild für sich finden, das Ihren angestrebten Weg bereits erfolgreich gegangen ist.

Zum Beispiel könnte das jemand sein, der sich beruflich auf diese Weise verwirklicht hat, wie Sie sich dies auch wünschen. Sie können sich dann mit dieser Person beschäftigen und ihren Werdegang bestmöglich nachvollziehen. Oder Sie stellen sogar einen persönlichen Kontakt her, um sich auszutauschen und sich durch einen persönlichen Erfahrungsbericht inspirieren zu lassen. Vielleicht können Sie auf diese Weise auch konkrete Tipps erhalten oder Ihr Netzwerk erweitern.

Belohnen Sie sich selbst

Bei all der Anstrengung, der Disziplin und der stetigen Selbst-Motivation sollten Sie eine entscheidende Sache nicht vergessen: Gehen Sie lieb und geduldig mit sich selbst um. Schätzen Sie sich und Ihre Mühe wert. Belohnen Sie sich regelmäßig für Ihr Tun. Dazu gehört es, sich regelmäßig bewusste Pausen zu gönnen. Aber auch konkrete Geschenke an sich selbst sollten Sie sich gönnen. Kaufen Sie sich mal einen Blumenstrauß, wenn Ihnen danach ist oder gehen Sie essen.

Wenn Sie eins Ihrer Ziele oder Teilziele erreicht haben, darf es auch mal die neue Kette oder das neue Handy sein. Führen Sie sich immer wieder vor Augen, was Sie gerade alles bereit sind, für sich zu tun. Welche Anstrengungen Sie auf sich nehmen, um sich ein erfüllteres Leben zu erarbeiten.

Sie haben es verdient, sich selbst dafür zu danken. Nicht nur,

weil dies Ihre Motivation aufrechterhält. Sondern vor allem, weil
Sie es wert sind.

Motivation

WIESO SPIELT MOTIVATION EINE GROSSE ROLLE IM ALLTAG?

Bereits im vorherigen Kapitel wurde auf die große Bedeutung von Motivation hingewiesen. Da sie nicht nur Einfluss auf die Selbstdisziplin hat, sondern in ihrer Bedeutung für die Mindset-Arbeit von genauso großem Wert ist, widmet sich dieses Kapitel der detaillierten Darstellung von Motivation. Dafür macht es zunächst Sinn, eine genaue Begriffsdefinition heranzuziehen. Das Online Lexikon für Psychologie und Pädagogik definiert Motivation wie folgt:

„Motivation bezeichnet Prozesse, bei denen bestimmte Motive aktiviert und in Handlungen umgesetzt werden. Dadurch erhält Verhalten eine Richtung auf ein Ziel, eine Intensitätsstärke und eine Ablaufform. Die Motivation einer Person, ein bestimmtes Ziel zu

verfolgen, hängt von situativen Anreizen, persönlichen Präferenzen und deren Wechselwirkung ab."[6] Motivation ist also die Grundlage für Handlungsimpulse. Sie ist der Motor für die Ziele, die wir uns setzen und das Verhalten, das wir anstreben. Wie intensiv sich die Motivation ausgestaltet, hängt von persönlichen und situativen Bedingungen ab. Die Bedeutung von intrinsischen und extrinsischen Motivationsfaktoren kennen Sie ja bereits aus dem vorherigen Kapitel.

Schauen Sie sich nun mal Ihren ganz normalen Alltag an. Lassen Sie zum Beispiel den heutigen Tag vor Ihrem inneren Auge ablaufen. Welche Rolle spielt Motivation in Ihrem Alltag? Welche Aufgaben haben Sie zu bewältigen? Wie bearbeiten Sie diese? Haben Sie Freude daran? Oder kennen Sie auch Momente, in denen Sie einzelne Aufgaben anstrengen oder Sie für diese mehr Zeit benötigen als für andere?

Der Schlüssel für all das ist Motivation. Sicher ist Ihnen deutlich geworden, dass die erfolgreiche Bewältigung Ihres Alltags ohne ein Mindestmaß Motivation nicht geht. Sie stehen zum Beispiel morgens auf und gehen zur Arbeit. Berufstätigkeit nimmt für die meisten von uns eine große Rolle im Tagesgeschäft ein. Sie werden es sicher auch kennen, dass man nicht jeden Tag gleich motiviert ist zu arbeiten. Manchmal kann man es gar nicht erwarten, an

---

[6]Stangl, W. (2020). Stichwort: *'Motivation'.* Online Lexikon für Psychologie und Pädagogik.
WWW: https://lexikon.stangl.eu/337/motivation/ (2020-11-25)

der Arbeit zu sein, während man an anderen Tagen lieber noch etwas länger im Bett liegen würde. Ich unterstelle mal, dass auch Sie eine Vielzahl unterschiedlicher Motive haben, zur Arbeit zu gehen. Vermutlich beschäftigen Sie sich gern mit Ihrem Berufsfeld, weil es Ihrem Interesse entspricht. Das ist ein klassisch *intrinsisches Motiv*. Dann haben Sie vielleicht noch tolle Kollegen, mit denen Sie sich gern austauschen.

Es kann aber auch sein, dass Sie sich fachlich gar nicht so sehr mit Ihrer Tätigkeit identifizieren können; Sie aber dafür viel Geld verdienen oder einen schicken Firmenwagen fahren. Dann wären Sie in erster Linie *extrinsisch motiviert*; Sie würden in erster Linie arbeiten, um etwas aus dem Außen dafür zu bekommen.

Daneben kann es noch etliche weitere große und kleine Motive geben, wie z.B. die Tatsache, dass Ihr Arbeitgeber für Sie fußläufig zu erreichen ist, Sie bereits seit langer Zeit dort beschäftigt sind, Sie auf eine interne, höhere Position hinarbeiten und so weiter und so fort. Fakt ist, sobald Ihnen die Motivation abhandenkommt, wird es Sie erheblich mehr Kraft kosten, täglich Ihrer Arbeit nachzugehen. Denn Motivation ist die Triebkraft für Leistungsfähigkeit.

Wenn wir motiviert sind, uns mit etwas zu beschäftigen, geht es uns leicht von der Hand und wir können über uns hinauswachsen. Wenn uns die Motivation fehlt – das werden Sie mit Sicherheit kennen –, kann es eine Qual werden, sich einem Thema zuzuwenden. Als Kurzformel können Sie sich also merken: Je mehr Motivation, desto mehr Leistungsfähigkeit, desto mehr Erfolg.

WAS PASSIERT MIT GEIST UND KÖRPER?

Wenn wir motiviert sind und unser Leben uns leicht von der Hand geht, hat das erheblichen Einfluss auf unsere gesamte Verfassung. Motivation macht die Sinnhaftigkeit unseres Lebens aus. Wenn uns die Motivation fehlt, unsere Alltagsaufgaben zu bewältigen; wenn wir keine Ziele im Leben haben, auf die wir hinarbeiten wollen – dann werden wir krank.

Dies kann sich auf geistig-seelischer Ebene zeigen, zum Beispiel in Form depressiver Gedanken. Es kann aber auch in unserem Körper sichtbar werden, indem wir uns niedergeschlagen, müde oder erschöpft fühlen und uns die Bewältigung unseres Alltags enorme Kraft abverlangt. Wenn Menschen mit geistigen oder körperlichen Blockaden konfrontiert werden, geht es meist darum, das eigene Leben genauer zu betrachten. Es kann sich dann nämlich herausstellen, dass es an einer grundsätzlichen Identifikation mit den eigenen Lebensbedingungen mangelt. Dann ist es oft die Aufgabe, das eigene Leben behutsam neu auszugestalten und in andere Bahnen zu lenken. In diesem Prozess spielen u.a. folgende Fragen eine Rolle:

- Was tut mir gut, was mache ich gern?
- Bin ich glücklich in meinem Beruf, meiner Beziehung etc.?
- Womit möchte ich mich beschäftigen, was interessiert

mich?

- Wie soll mein Leben sein, was macht mich glücklich?

Es geht dann also darum, den inneren Motiven und Zielen (wieder) auf die Schliche zu kommen. Indem diese ins Bewusstsein geholt werden, kann eine Orientierung für die Ausgestaltung des weiteren Lebens entstehen. Es kann neue Sinnhaftigkeit hergestellt und erlebt werden.

Um Ihren Geist und Körper gesund zu halten, ist es also wichtig, dass Sie in Ihrem Leben ausreichend Motivation finden. Sollten Sie mal feststellen, dass Sie vermehrt unter Antriebshemmung oder körperlichen Erschöpfungssymptomen leiden, lohnt es sich, einen Blick auf Ihre Motivationsfaktoren zu werfen. Gleichen Sie dafür die Art Ihrer Lebensausgestaltung mit den oben genannten Fragen ab. Auf diese Weise können Sie auf Motivationsblockaden aufmerksam werden und Schritte einleiten, um Ihre Motivation zu steigern beziehungsweise wiederherzustellen.

WAS SPORNT UNS AN?

Motivation ist der Motor für Ihre Leistungsfähigkeit und Ihren Erfolg – das wissen Sie bereits. Sie haben auch schon erfahren, dass es vielfältige Faktoren gibt, die sich motivierend auf uns auswirken können. Weiter oben wurde bereits dargestellt, dass man all diese verschiedenen Motive grundsätzlich unterscheiden kann in:

intrinsische Motivationsfaktoren
und
extrinsische Motivationsfaktoren.

Intrinsische Motivationsfaktoren sind dabei all diejenigen, die aus Ihnen selbst herauskommen. Das Paradebeispiel für intrinsische Motivation wurde bereits genannt: Interesse beziehungsweise Leidenschaft für ein bestimmtes Thema. Darüber hinaus beschreibt intrinsische Motivation grundsätzlich alles, was Sie für sich selbst tun wollen. Der Ansporn für Ihr Handeln liegt also in Ihnen selbst. Zum Beispiel machen Sie Sport, weil es <u>Ihnen</u> guttut. Oder Sie räumen Ihre Wohnung auf, weil <u>Sie</u> sich dann wohler fühlen. Oder Sie machen Ihrem Partner eine Freude, weil es <u>Sie</u> glücklich macht.

Extrinsische Motivationsfaktoren hingegen beziehen sich auf die Außenwelt. Der Ansporn für Ihr Handeln kommt demnach aus dem Außen. Es ist also all das damit gemeint, was Sie aufgrund von äußeren Faktoren tun. Zum Beispiel können ein guter Verdienst oder auch die Anerkennung von Kollegen extrinsische Motive im Berufsleben sein. Oder aber Sie machen Sport, weil <u>Ihr Partner</u> Sie zu dick findet und nicht, weil Sie selbst es tun wollen. Oder Sie räumen Ihre Wohnung auf, weil <u>Ihre Eltern</u> zu Besuch kommen. All dies sind extrinsische Motivationsfaktoren, die uns zu einer bestimmten Handlung bewegen.

Intrinsische und extrinsische Motivationsfaktoren haben beide Einfluss auf unser Vermögen, etwas tun zu wollen.
Sie unterscheiden sich jedoch in ihrer Grundbeschaffenheit. Und damit einhergehend auch darin, wie stark ihre Auswirkungen auf unsere tatsächliche Motivation und Handlungsumsetzung sind.

WAS HILFT, WENN DER ANSPORN FEHLT?

Stellen Sie sich folgendes Beispiel vor: Sie üben einen Beruf aus, der Sie absolut erfüllt. Er entspricht in hohem Maße Ihren fachlichen Interessen, Sie können sich dort entfalten und weiterentwickeln und erleben dadurch eine Sinnhaftigkeit in der Ausübung Ihrer Arbeit. Gleichzeitig ist Ihr Gehalt vergleichsweise gering und die gesellschaftlich-soziale Anerkennung für Ihren Beruf ist mäßig.

Nun haben Sie einen Bekannten, der einen Beruf ausübt, welcher mit einem bestimmten Status verbunden ist. Wenn Sie gemeinsam auf neue Menschen treffen und er von seiner Tätigkeit erzählt, zieht er die Blicke und das Interesse aller sofort an. Zudem verdient er sehr viel Geld und kann sich mit dem ein oder anderen Statusobjekt schmücken. Aus Gesprächen mit ihm wissen Sie jedoch, dass er sich fachlich nicht wirklich für seine Arbeit begeistert. Er übt sie aus, weil er damit in seines Vaters Fußstapfen treten konnte. In letzter Zeit berichtet er außerdem oft über quälende Langeweile und Müdigkeit.

Was glauben Sie, worauf möchte ich mit diesem Beispiel hinaus? Richtig. Darauf, dass hier verschiedene Motivationsebenen zugrunde liegen. Während Sie in unserem Beispiel ganz klar intrinsisch motiviert sind und Ihre Arbeit und Ihr Leben deshalb als erfüllend empfinden, leidet Ihr fiktiver Bekannter möglicherweise unter einer Unausgeglichenheit. Obwohl er vermeintlich alles hat, was man sich an externen Motivationsfaktoren wünschen kann (= Geld, Ansehen, Statusobjekte), scheint ihm ein wesentlicher Aspekt zu fehlen, nämlich: intrinsische Motivation.

Tatsächlich wissen wir, dass intrinsische Motivationsfaktoren unser Motivationsempfinden in erheblichem Maße mehr beeinflussen können als extrinsische. Verstehen Sie mich nicht falsch: Äußere Motivationsfaktoren sind gut und wichtig. Aber wenn gleichzeitig keine intrinsischen Motive zur Erreichung eines bestimmten Zieles vorhanden sind, ist es nicht möglich, die Motivation dauerhaft aufrechtzuerhalten. Was nützt es Ihnen, Geld, Anerkennung und zwei Porsche in der Garage zu haben, wenn Sie sich tief in Ihrem Inneren nicht mit dem identifizieren können, was Sie tun?!

Sich bewusst Anreize zu setzen, um sich selbst zu motivieren, ist grundsätzlich immer ein zielführender Weg. Und wenn Sie sich auch an extrinsischen Motiven orientieren, um Ihre Ziele zu erreichen, ist das eine gute Strategie. Das Bedürfnis nach Anerkennung oder der Wunsch, sich mit einem schicken Auto schmücken zu können, sind legitime Motive, die Sie auch eine Weile in Richtung Ihres Zieles tragen können. Um Ihren Ansporn jedoch langfristig am Laufen zu halten, heißt es: Ihre intrinsischen Motivationsfaktoren ausfindig machen und verstärken! Denn diese sind die Haupttriebfedern für Ihr Motivationsempfinden.

INNERE ANTRIEBSKRAFT ERHÖHEN

Um die Ausdauer aufrechterhalten zu können, die Sie zum Erreichen Ihrer Ziele benötigen, ist es wichtig zu wissen, wie Sie Ihre innere Antriebskraft verstärken können. Es macht in diesem Zusammenhang Sinn, wenn Sie sich Ihre *intrinsischen* Motive bewusst machen. Vielleicht notieren Sie sich diese auch und platzieren sie gut sichtbar. Sobald Sie sich Ihrer persönlichen Beweggründe für die Zielerreichung bewusst geworden sind, haben Sie Zugriff auf den stärksten Motor.

Laut Motivationspsychologen haben drei wesentliche Faktoren Einfluss darauf, dass wir uns intrinsisch motiviert fühlen. An folgenden Stellschrauben können Sie also auch bewusst drehen, wenn Sie spüren, dass Sie einen Mangel an intrinsischer Motivation aufweisen:

- **Autonomie:**
  Das Gefühl von Autonomie hat erheblichen Einfluss auf unsere Motivation und damit verbunden auch auf unsere Leistungsfähigkeit. Autonomie beschreibt das Gefühl von Eigenverantwortung und Mitgestaltung. Es ist das Gegenteil von reiner Fremdbestimmung. Sobald wir also das Gefühl haben, Einfluss auf unsere Aufgaben zu haben und diese eigenverantwortlich ausgestalten können, fördert das gleichzeitig unsere Motivation. Das ist insbesondere im Kontext der

Mitarbeitermotivation eine wichtige Erkenntnis. Denn demnach schmälert es die Leistungsfähigkeit, wenn Mitarbeiter das Gefühl haben, in ihrer Tätigkeit weitestgehend fremdbestimmt handeln zu müssen.

- **Meisterschaft:**

Menschen streben tendenziell nach Wachstum und Weiterentwicklung. Es ist ein gutes Gefühl, sich verbessert oder eine vorherige Leistung übertroffen zu haben. Aus diesem Grund üben auch Spiele, Meisterschaften und Ranglisten einen hohen Reiz auf uns aus. Demnach wirkt es sich motivationssteigernd aus, wenn wir uns verbessert haben oder etwas Neues gelernt haben. Voraussetzung dafür ist, dass der Fortschritt messbar und erreichbar ist. Zu hoch gesteckte Ziele haben einen demotivierenden Effekt. Wenn wir aber anhand eng gesteckter Teilziele unseren Prozess nachverfolgen können, steigert das unser Motivationsempfinden.

- **Zweck:**

Nicht zuletzt ist es für unser Motivationsempfinden natürlich von erheblicher Bedeutung, dass wir einen Sinn sehen in unserem Tun. Wenn Sie in Ihren Handlungen eine Bedeutung für sich und/oder das Leben anderer erkennen können, gibt Ihnen das einen gehörigen Motivations-Boost. Es lohnt sich also, in sich zu gehen und sich die Sinnhaftigkeit des angestrebten Zieles bewusst zu machen.

SCHRITTE ZU MEHR SELBSTMO-TIVATION

Wenn Sie sich nun selbst bestmöglich motivieren wollen, orientieren Sie sich an nachfolgenden Aspekten. Einige sind Ihnen bereits vertraut aus dem Unterkapitel zur Steigerung Ihrer Selbstdisziplin. Das macht durchaus Sinn, denn beide Aspekte bedingen sich gegenseitig.

* **Visionen entwickeln:**

  Es wurde schon an anderer Stelle erwähnt. Zur Entwicklung und Aufrechterhaltung Ihrer Motivation ist es wichtig, dass Sie eine Vision haben. Nehmen Sie sich ruhig die Zeit und den Raum, um diese so intensiv wie möglich zu visualisieren. Träumen Sie sich so richtig hinein in Ihr zukünftiges Leben! Wie werden Sie sich fühlen, wenn Sie Ihr Ziel endlich erreicht haben? Wie wird Ihr Leben sein? Sich in diese Stimmung hineinzuversetzen, führt automatisch dazu, dass Sie Ihre intrinsische Motivation steigern. Ganz nach dem Motto „Das will ich. Da will ich hin. So will ich sein."

* **Motivationsfaktoren ermitteln:**

  Ermitteln Sie darüber hinaus Ihre Motivationsfaktoren. Schreiben Sie diese auf, vielleicht zunächst in Form einer Mindmap. Schreiben Sie in die Mitte Ihr Ziel und sammeln Sie dann alle motivierenden Aspekte. Denken Sie dabei zunächst nicht darüber nach, ob es sich nun um ein intrinsisches oder extrinsisches Motiv handelt. Sammeln Sie einfach. Orientieren Sie sich dafür an den Fragestellungen:

> Warum möchte ich das Ziel erreichen, was verspreche ich mir davon?

> Was reizt mich besonders an der Aufgabe / an meinem Ziel?

> Welchen Sinn/Nutzen hat mein Ziel für mich und/oder andere?

Selektieren Sie dann gern in einem weiteren Schritt nach extrinsischen und intrinsischen Motiven. Schreiben Sie sich insbesondere Ihre intrinsischen Motive auf und platzieren sie gut sichtbar.

- **Realistische Ziele setzen:**
  Auch hier schließt sich der Kreis zu dem, was Sie bisher schon erfahren haben. Das Setzen und Visualisieren von Zielen ist wesentlich, um sich selbst zu motivieren. Dabei ist es zum einen wichtig, Ziele vor Augen zu haben, auf die man hinarbeiten möchte. Zum anderen sollten die Ziele so gesteckt sein, dass sie gut erreichbar sind. Es macht also Sinn, ein großes Ziel in kleinschrittige Etappenziele zu unterteilen. Dazu kann es auch gehören, einen genauen Zeitplan zu erstellen. Wenn Sie sich für eine bestimmte Teilaufgabe ein festes Zeitfenster mit einer Frist setzen, kann das Wunder wirken. Wir kennen es alle: Unter Zeitdruck steigt die Produktivität.
  Grundsätzlich unterstützt eine detaillierte Planung das Gefühl, dass Sie Ihre Ziele erreichen können. Außerdem erschaffen Sie

sich dadurch selbst den Effekt, dass Sie Ihren Fortschritt sichtbar machen können. Beides wirkt sich dann wiederum auf Ihre Motivation aus.

- **Sich selbst belohnen:**
Es kann nicht oft genug gesagt werden. Gönnen Sie sich regelmäßig angemessene Belohnungen für Ihr Engagement und Ihre Ausdauer. Achten Sie auf regelmäßige Pausen. Gehen Sie essen. Schenken Sie sich bei größeren Etappenzielen ruhig mal etwas. Auf diese Weise erschaffen Sie sich selbst immer wieder kleine Motivationsanreize, um weiterhin kraftvoll durchzustarten.

- **Positiv denken:**
Und auch hier schließt sich ein Kreis. Zur Aufrechterhaltung Ihrer Motivation ist es unumgänglich, sich eine positive Denkweise anzueignen. Wenn man sich große oder kleine Ziele setzt, wird man immer an Punkte kommen, wo es nicht so voran geht, wie man erhofft hatte. Vielleicht muss man ein Ziel auch neu ausrichten, weil man an Grenzen irgendeiner Art stößt. Oder man hat schlichtweg einen Hänger.

Das ist menschlich und völlig in Ordnung. Wichtig ist, dass Sie in solchen Momenten nicht den Kopf hängen lassen. Denn gerade dann kommt es auf Ihr positives Mindset an. Seien Sie gnädig und geduldig mit sich. Machen Sie sich nicht noch zusätzlich fertig. Damit erreichen Sie nämlich nichts. Schlimmstenfalls erlöschen Sie damit Ihr Motivations-Feuer.

GESUNDHEIT FÜR KÖRPER, GEIST UND SEELE

Es wurde bereits auf den Zusammenhang zwischen Motivation, Körper, Geist und Seele hingewiesen. Sie können dieses Zusammenwirken auch ganz praktisch beeinflussen, indem Sie sich bewusst ernähren.

Gesundes Essen für mehr Motivation

Um motiviert zu bleiben und hartnäckig auf unsere Ziele hinzuarbeiten, benötigen wir Energie. Wir können auf geistig-mentaler Ebene dafür sorgen, dass wir diese Energie freisetzen und fokussieren. Wir können unseren Energiehaushalt aber auch ganz bewusst mit unserer Ernährung steuern. Die Art und Weise, welche Lebensmittel wir uns zuführen, haben enormen Einfluss auf unser Körpergefühl, unser Denkvermögen und unsere Leistungsfähigkeit.

Um unsere Motivation aufrechtzuerhalten und unser gesamtes System in einem fitten, leistungsfähigen Zustand zu erhalten, benötigen wir eine ausgewogene Ernährung. Sogenanntes *Brain-Food* sorgt dafür, dass wir uns besser konzentrieren können, leistungsfähiger sind und unsere mentalen Fähigkeiten stärken können. Auf den Punkt gebracht, geht es darum, Lebensmittel zu sich zu nehmen, die Sie möglichst langanhaltend mit Energie versorgen. Der Griff zur Süßigkeit oder zur Cola hilft da leider nur kurzfristig, da das aufgenommene Energieniveau relativ schnell wieder abflacht. Nachfolgend einige Lebensmittel, die Sie in Ihren Speiseplan einbauen sollten, um Ihre Motivation zu steigern:

Motivationssnacks

Nüsse

Nüsse sind sehr effektive Lieferanten von Energie und Eiweiß. Beides ist wichtig für die Aktivität Ihres Gehirns. Zudem bildet Ihr Körper durch den Konsum von Nüssen Serotonin. Und wir erinnern uns: Serotonin ist das Glückshormon, das Sie automatisch in eine bessere Stimmung versetzt.

Beeren

Beeren sind gute Energielieferanten für Ihr Gehirn. Insbesondere Blaubeeren stärken Ihre Denkfähigkeit.

Haferflocken/Vollkornprodukte

Haferflocken und Vollkornprodukte liefern Ihrem Körper u.a. Magnesium, Eisen, B-Vitamine und langkettige Kohlenhydrate. Dadurch erhalten Sie jede Menge langanhaltende Energie. Für einen guten Start in den Tag kombinieren Sie zum Beispiel Haferflocken mit Nüssen und Beeren.

Avocados

Avocados sind die neuen Superfrüchte. Zu Recht. Sie enthalten u.a. jede Menge B-Vitamine und Omega-3-Fettsäuren. Kurz:

Avocados heben die Stimmung und liefern Ihnen viel Energie. Avocados können Sie vielseitig auf den Speiseplan nehmen: als Smoothie, auf dem Brot, als Dip, im Salat. Lassen Sie Ihrer Kreativität freien Lauf.

Fisch

Fisch enthält Omega-3-Fettsäuren. Und die sind nicht nur prima, um die Stimmung zu verbessern, sondern steigern auch die Konzentration. Insbesondere Thunfisch, Lachs und Hering sollten regelmäßig auf Ihrem Speiseplan stehen.

Achten Sie außerdem darauf, viel Wasser zu trinken. Trinken Sie mindestens zwei Liter Wasser am Tag, damit Ihr Körper mit genügend Flüssigkeit versorgt ist und Ihr Gehirn optimal leistungsfähig ist.

MOTIVATION AM ARBEITSPLATZ

Sie kennen nun bereits die wesentlichen Aspekte, mit denen Sie Ihre Motivation beeinflussen können. Alles, was bis hierhin dargestellt wurde, können Sie auch heranziehen, wenn es darum geht, die eigene Motivation am Arbeitsplatz zu erhalten und zu steigern.

Wie Sie erfolgreicher werden

Sie kennen die Formel für mehr Erfolg bereits: Je mehr Motivation, desto mehr Leistungsfähigkeit, desto mehr Erfolg. Nun stellt sich also die Frage, wie Sie Ihren beruflichen Erfolg konkret ausgestalten können. Orientieren Sie sich dafür an den dargestellten Schritten zum Erreichen einer gesteigerten Motivation. Entwickeln Sie Visionen von dem, was Sie beruflich erreichen wollen, ermitteln Sie Ihre Motivationsfaktoren und setzen Sie sich realistische Ziele. Achten Sie darauf, eine positive Perspektive zu entwickeln und diese beizubehalten.

Lassen Sie sich nicht von kritischen Stimmen verunsichern. Bestärken und belohnen Sie sich selbst. Achten Sie auch darauf, inwieweit sich die drei wesentlichen Motivationsfaktoren Autonomie, Meisterschaft und Zweck in Ihrem Leben wiederfinden. Wenn diese bisher zu wenig Raum bekommen haben, versuchen Sie, Wege zu finden, sie umzusetzen. Suchen Sie zum Beispiel das Gespräch mit Ihrem Chef und erkundigen Sie sich, an welchen

Stellen Ihnen mehr Gestaltungsspielraum eingeräumt werden kann. Fordern Sie sich selbst, indem Sie sich zum Beispiel fortbilden und sich damit fachlich weiterentwickeln.

Lernantrieb starten

Um ins konkrete Handeln zu kommen, achten Sie auf eine realistische Zielsetzung. Erstellen Sie Zeitpläne. Teilen Sie Ihr Ziel oder Ihre Aufgabe in kleine Etappenziele auf und setzen Sie für jedes Teilziel einen bestimmten Zeitraum fest. Überlegen Sie sich bereits, wie Sie sich beim Erreichen der (Etappen-) Ziele belohnen wollen und setzen Sie dies dann auch genauso um. Ermitteln Sie dann Ihre Ablenkungsquellen und schalten Sie diese aus. Gönnen Sie sich Pausen. Planen Sie diese bereits in Ihrer Zeitplanung mit ein. Greifen Sie auf Brain-Food zurück. Hängen Sie Ihre notierten Ziele und Motive gut sichtbar an Ihrem Arbeitsplatz auf.

Sich selbst und Kollegen motivieren

Besonders effektiv ist es auch, wenn Sie Ihre Kollegen in Ihre Motivationsstrategien mit einbeziehen und Sie sich gegenseitig motivieren. Erwiesenermaßen ist ein positives, kollegiales Miteinander einer der Haupt-Motivationsfaktoren für deutsche Arbeitnehmer. Machen Sie sich dies zunutze! Seien Sie wertschätzend und motivieren Sie sich gegenseitig. Sorgen Sie dafür, dass sich Ihre Kollegen wohlfühlen und auch sie gern zur Arbeit kommen. Bieten Sie einem Kollegen Ihre Hilfe an, wenn Sie das Gefühl haben, dass er diese braucht. Geben Sie sich gegenseitig Rückmeldungen zu Ihrer Leistung. Scheuen Sie sich nicht, Lob und Komplimente an Ihre Kollegen zu vergeben. Fragen Sie auch nach einer Rückmeldung zu Ihrer Fachlichkeit, wenn Ihnen danach ist. Es kann auch dazu gehören, sich seine Arbeitsumgebung ansprechender zu gestalten. Überlegen Sie, wie Ihre Umgebung aussehen müsste, damit Sie sich motivierter fühlen. Und dann setzen Sie dies nach Rücksprache mit Ihren Vorgesetzten und Ihren Kollegen um. Das können Pflanzen, Bilder oder Motivationssprüche sein. Vielleicht sind auch bestimmte Büromöbel oder buntes Büromaterial denkbar. Machen Sie sich den Arbeitsalltag insgesamt einfach netter, schöner und lebendiger. Denn wer sich wohlfühlt am Arbeitsplatz, geht gern dorthin, ist motivierter und dementsprechend auch leistungsfähiger.

FREUNDE, FAMILIE UND KINDER MOTIVIEREN

Grundsätzlich macht es natürlich Sinn, wenn nicht nur Sie selbst, sondern auch Ihr Umfeld positiv eingestellt und motiviert ist. Denken Sie zurück an den Einfluss unterschiedlicher Arten zu denken. Wenn Sie dauerhaft auf eine positive, motivierte Lebenseinstellung hinarbeiten wollen, wirkt es sich positiv unterstützend aus, wenn auch Ihr Umfeld optimistisch und voller Tatendrang ist. Und natürlich profitieren auch Ihre Freunde, Ihre Familie und Ihre Kinder davon.

Alle Schritte, die Sie anwenden, um sich selbst zu motivieren, können Sie natürlich auch genauso in Ihr Umfeld tragen. Sie würden dann zwei Fliegen mit einer Klappe schlagen: Bei Ihren Liebsten für eine positive Einstellung sorgen und Ihrer eigenen ein solideres Fundament schaffen. Wenn das nicht mal ein Grund ist, intrinsisch motiviert zu sein!

Grundsätzlich können Sie sich dabei an allem bisher Gesagten orientieren. Wenn Sie zum Beispiel jemanden in Ihrem Umfeld haben, der ein bestimmtes Ziel verfolgt, unterstützen Sie ihn, dies erfolgreich anzugehen.

Egal, ob Ihr Kind für eine Klassenarbeit lernen muss, Ihr Partner sich beruflich weiterentwickeln oder Ihre Mutter abnehmen möchte:

- Bieten Sie Ihre Hilfe an, aber drängen Sie sich nicht auf.
- Geben Sie Anreize für richtige Zielsetzungen.
- Unterstützen Sie dabei, Zeitpläne zu erstellen.
- Unterstützen Sie bei der Erarbeitung von Motivationsfaktoren und Willenskraft.
- Ermutigen Sie.
- Loben und belohnen Sie die großen und kleinen Erfolge auf dem Weg zur Zielerreichung.
- Weisen Sie auf die Bedeutung ausgewogener Ernährung hin.
- Empfehlen Sie diesen Ratgeber.

Stehen Sie bei allem unterstützend zur Seite, aber <u>ganz wichtig</u>: bevormunden Sie nicht!

Wahre und ausdauernde Motivation – so wissen Sie ja jetzt – muss von innen herauskommen und bedarf der Gefühle von Autonomie und Selbststeuerung. Dementsprechend kann es auch bei der Motivation Ihres Umfeldes nur darum gehen, Hilfe zur Selbsthilfe anzubieten. Denn Erwartungen oder Forderungen von Außenstehenden können einen gegenteiligen Effekt haben und zusätzliche Blockaden entstehen lassen.

Grundsätzlich können Sie darauf achten, Ihr Leben und das Ihres Umfeldes möglichst positiv auszugestalten. Achten Sie darauf, wertschätzend miteinander umzugehen. Unternehmen Sie regelmäßig etwas, um von gemeinsamen positiven Erlebnissen zu profitieren. Kochen Sie ausgewogen.

Seien Sie geduldig. Motivieren Sie sich gegenseitig in Ihren Vorhaben. Konzentrieren Sie sich auf die guten Aspekte in Ihrem Alltag. Denn wer in einem positiv gestimmten Umfeld lebt, dem fällt es spielend leicht, sein Mindset in Richtung Optimismus, Motivation und Erfolg auszurichten.

Schlusswort

Nun kennen Sie alle wichtigen Aspekte, die Ihr kraftvolles Mindset ausmachen. Mehr noch: Sie befinden sich bereits mitten in Ihrem Prozess. Sie sind bereits auf dem Weg in Ihr erfülltes Leben!

Sie haben erfahren, wie Ihr Mindset an Ihre Art zu denken gekoppelt ist und kennen die wesentlichen Faktoren, mit denen Sie Ihre Denkweise beeinflussen können. Sie wissen, wie Sie Ihren Fokus bewusst ausrichten können, um Ihr Mindset ins Unendliche zu entwickeln.

Weiterhin verfügen Sie nun über das notwendige Rüstzeug, um sich erfolgreich Ziele zu setzen. Dies ist der Beginn jeder erfolgreichen Mindset-Transformation. Sie haben vielfältige Tipps an die Hand bekommen, mit denen Sie erfahren konnten, sich Ihres *Selbst bewusster* zu werden. Auf diese Weise sind Sie ermächtigt, Ihre Ziele noch erfolgreicher formulieren und umsetzen zu können. Sie kennen außerdem die Macht des positiven Denkens und des Gesetzes der Anziehung. Und Sie wissen, wie Sie sich selbst dahingehend steuern können, Glück und Optimismus als feste Größen in Ihrem Leben zu etablieren. Um all dies erfolgreich in Ihrem Leben zu verankern, haben Sie zudem ausreichend Anleitung zur Entfaltung und Steigerung Ihrer Selbstdisziplin und Motivation erhalten.

Sie wissen, wie wichtig es ist, sich Ihrer inneren Motive bewusst zu sein und Ihre Willenskraft zu schärfen. Und Sie haben sich einen selbstwertschätzenden und selbstbelohnenden Umgang mit sich selbst angeeignet. Um bei all dem Ihre Leistungsfähigkeit, Konzentration und körperliche Gesundheit zu erhalten, verfügen Sie schlussendlich über das notwendige Knowhow bezüglich Ernährung, Sport und ganzheitliche Fitness.

Herzlichen Glückwunsch, Sie sind bereit! Von nun an ist es nur noch eine Frage der Zeit, bis sich Ihre Wünsche, Träume und Visionen in Ihrem Leben manifestieren werden!

Update für Ihr Zeitmanagement

Sie sind auf der Suche nach finanzieller Freiheit und Gelassenheit im Leben?

Pareto-Prinzip

Wie Sie Ihr Leben mit der 80/20 Regel ausstatten, Ihren Perfektionismus überwinden und Ihr Zeitmanagement auf mehr Erfolg und Lebensqualität updaten

Da ich meine Persönlichkeitsentwickl ung stetig voranbringen will, habe ich mir diesen Ratgeber gekauft. Im Buch bekommt man Tipps und Hilfen, über die wichtigsten Erfolgsbausteine! ....
(Top 1000 Rezensent)

Verschaffen Sie sofort Ihrem Zeitmanagement ein updaten und vergeuden Sie nicht Ihre kostspielige Zeit.

Gehen Sie den richtigen Weg

Auf Nimmerwiedersehen schlechte Gewohnheiten. Lernen Sie Schritt für Schritt wie Sie Ihr negatives Verhaltensmuster in ein positives verwandeln.

GEWOHNHEITEN ÄNDERN

DER RICHTIGE WEG

„Ich habe mir einiges an negativen Gewohnheiten angeeignet, die ich sehr gerne wieder ablegen möchte

....

Das Buch hat sehr viele gute Tipps und auch gute Erklärungen. Ich kann es nur empfehlen.
Klare Kaufempfehlung"

(Top 100 Rezensent)

Beginnen Sie sofort mit einem neuen Kapitel in Ihrem Leben. Ihre positiven Eigenschaften warten nur darauf entfaltet zu werden.

Gedächtnistraining für Senioren

Geistige Fitness erlangen und keine Gedächtnislücken mehr. Das perfekte Training für den Muskel zwischen den Ohren.

"Ich habe ein Buch für meine Oma gesucht, sie liebt Rätsel jeglicher Art um sich geisitg Fit zu halten. Dieses Buch ist mir sofort ins Auge gefallen.

...

Meine Oma ist begeistert. Klare Kaufempfehlung!"

(Amazon Kunde)

Machen Sie Ihren Eltern/Großeltern eine Freude und beschenken Sie diese mit diesem Buch. Es beinhaltet über 1000 Aufgaben jeglicher Art um geistig fit zu bleiben.

Für Fragen und Anregungen:
berisha-sales@outlook.de
Auflage 2020

* 9 7 9 8 5 7 6 6 5 5 6 2 5 *